И.Г. ГУБИЕВА, В.А. ЯЦЕЛЕН

50 РУССКИХ ТЕКСТОВ

КНИГА ДЛЯ ЧТЕНИЯ НА РУССКОМ ЯЗЫКЕ ДЛЯ ИНОСТРАНЦЕВ

РУССКИЙ ЯЗЫК
КУРСЫ

Москва
2008

УДК 808.2-561.72(075)-0546
ББК 81.2 Рус-923
     Г93

Г93

Губиева, И.Г.

50 русских текстов: Книга для чтения на русском языке для иностранцев / И.Г. Губиева, В.А. Яцеленко.— М.: Рус. яз. Курсы, 2008. — 168 с.

ISBN 978-5-88337-157-7

В этой книге собраны авторские тексты различных жанров: художественные, биографические, исторические, научно-популярные, сказки, шутки.

Главным достоинством этой книги является её доступность, занимательность, интересность, информативность.

Книга предназначена для всех, изучающих русский язык. Она может быть использована на занятиях со студентами в России и за рубежом, со слушателями различных курсов русского языка, а также как пособие для преподавателей, как материал для самостоятельной работы.

ISBN 978-5-88337-157-7

ПРЕДИСЛОВИЕ

Эта книга представляет собой сборник текстов для чтения по русскому языку для иностранных учащихся.

Рекомендуется начинать чтение текстов данного пособия с того момента, когда лексический запас достигнет объёма примерно в 500 слов. К этому моменту учащиеся уже будут знакомы с некоторыми грамматическими конструкциями русского языка.

Главными принципами при отборе текстов были: сюжетность, занимательность, интересность, информативность, доступность.

Материал расположен по принципу возрастания языковых трудностей. К каждому тексту даётся несколько заданий, направленных на совершенствование и активизацию лексико-грамматических навыков учащихся. Предложенный материал тщательно адаптирован. Основываясь на своём многолетнем опыте преподавания русского языка в зарубежных университетах, авторы старались учесть трудности и специфику обучения и вне языковой среды.

В текстах использована общеупотребительная лексика, все они прошли многократную апробацию на занятиях с иностранными студентами в России и за рубежом.

В книге собраны авторские тексты и тексты в авторской адаптации различных жанров: художественные, биографические, исторические, научно-популярные, сказки, шутки.

Целью пособия является развитие навыков чтения и речевых навыков учащихся, пополнение их лексического запаса. Это поможет в дальнейшем перейти к знакомству с менее адаптированной литературой.

Книга предназначена для всех, изучающих русский язык. Она может быть использована на занятиях со студентами в России и за рубежом, со слушателями различных курсов русского языка, а также как пособие для преподавателей, как материал для самостоятельной работы.

В конце книги дан русско-англо-французский словарь.

Авторы
И.Г. Губиева, В.А. Яцеленко

3

PREFACE

This a book of reading texts intended for everybody learning Russian from Elementary to Intermediate (senior secondary-school pupils, college and university students, post-graduate students, listeners to Russian language courses and others). It may be used both with and without a teacher.

The book aims at helping the students to acquire a working knowledge of Russian grammar, improving lexico-grammar skills, increasing vocabulary and developing speaking skills and habits.

The book contains 50 texts of various genres (kinds): texts on Russian history, geography and culture and extracts from Russian literature along with stories and jokes. Among the texts of the book there are author's texts and texts in author's adaptation.

The texts are arranged according to the principle of increasing language difficulty. Every text is followed by several exercises.

The texts presented in the book have been carefully adapted by the editors who, using their experience in teaching Russian in Moscow Universities and many countries have also taken into account the difficulties of learning Russian outside the Russian language environment. Most of the texts are based on some theme requiring general vocabulary. All have been approved many times by student audience.

We recommend using this book after the students have learned the vocabulary of about 500 words. By this time the students must get acquaintance with some elementary grammar construction.

At the end of the book Russian-English, vocabulary is given.

Authors
I. Goubiyeva, V. Iatselenko

PRESENTATION

Notre livre est destiné aux élèves des lycées, aux étudiants, aux adultes fréquentant les cours de formation permanente, aux autodidactes désireux d'apprendre seuls le russe.

Le livre suppose connus l'essentiel de la morphologie, de la grammaire et du lexique (à peu près 500 mots).

Nous avons tenté de joindre l'agréable à l'utile, d'offrir un livre à la fois efficace et attrayant par son contenu, sa simplicité et sa présentation.

Le livre contient 50 textes de différénts genres: tels que belles-lettres, textes autobiographiques, historiques, publicitaires, contes, anecdotes, etc. La plupart des textes sont adaptés. Chaque texte est suivi d'exercices ayant pour le but l'approfondissement du matériel lexico-grammatical, l'enrichissement du vocabulaire et le développement des aptitudes de lecture.

Nous espérons aussi éveiller sinon la sympathie du moins la curiosité et l'intérêt des élèves pour ce pays immense et varié que la Russie.

A la fin du livre il y a un vocabulaire russe-francçais.

Les auteurs

1

ОНА БУДЕТ УЧИТЕЛЬНИЦЕЙ

 НАТАША жила в небольшом городе на севере страны. Отец Наташи был инженером-строителем, а мама — учительницей. Старший брат Наташи недавно окончил московский институт и вернулся в родной город. Теперь он инженер-строитель и работает вместе с отцом.

Наташа долго не могла решить — кем она будет, когда окончит школу. Она думала, что тоже может стать инженером и вместе с отцом и братом будет строить свой город, который она очень любит.

Но профессия мамы тоже нравилась Наташе. В школе, где училась Наташа, её мама была учительницей русского языка и литературы. Уроки мамы были очень интересными. Мама учила своих учеников любить литературу и родной язык. Дети делали на уроках доклады о писателях, о книгах, которые они прочитали и которые им понравились. Многие ученики мамы хотели стать преподавателями. И только Наташа не могла решить — кем стать.

Однажды, когда Наташа училась в десятом классе, сильно заболела её подруга. Четыре месяца она не ходила в школу. И очень часто, сначала в больницу, а потом домой Наташа приходила к своей подруге. Она занималась с подругой историей, математикой, русским языком, физикой, химией.

Учителя составили специальный план для больной девушки и давали ей специальные задания. Все хотели помочь ей, но больше всех помогала Наташа. Подруга называла Наташу «моя учительница».

Пришла весна. Нужно было сдавать экзамены. Врачи уже разрешили подруге Наташи ходить в школу. Девушки вместе готовились к экзаменам. Наташа была очень рада, когда её подруга сдала все экзамены. И тогда Наташа поняла, кем она хочет стать — учительницей и только учительницей.

Наташа решила поехать в Москву, чтобы поступить в педагогический институт. В Москве она хорошо сдала все экзамены и стала студенткой. Сейчас она учится на втором курсе и мечтает вернуться в родной город, в свою школу, где она хочет, как и её мама, учить детей.

I. Ответьте на вопросы.

1. Кем были родители Наташи?
2. Где учился её брат и кем он работает сейчас?
3. Почему Наташа не могла решить, кем стать?
4. Что однажды случилось с её подругой?
5. Почему подруга называла Наташу «моя учительница»?
6. Когда Наташа поняла, что она хочет стать учительницей?
7. О чём мечтает Наташа?

II. Расскажите, что вы знаете о маме Наташи.

III. Как вы думаете, почему девушка выбрала профессию своей мамы?

IV. Расскажите текст от имени Наташи.

V. Расскажите о своём любимом учителе.

2 ‖ СОЛНЦЕ И ЛУНА

СОЛНЦЕ и Луна долго спорили. Солнце сказало, что листья на деревьях зелёные.

— Нет, — сказала Луна, — они серебряные. Люди на Земле всё время спят.

А Солнце ответило: «Нет, люди на Земле всё время двигаются».

— Но тогда почему на Земле всегда тихо? — спросила Луна.

— Кто тебе это сказал? — удивилось Солнце. — На Земле всегда шумно.

Они продолжали спорить.

— Я не могу понять, почему ты видишь зелёные листья, а я серебряные, — сказала Луна.

Этот разговор услышал Ветер.

— О чём вы спорите? Я вижу Землю и днём и ночью. Днём, когда светит Солнце, люди работают и на Земле шумно. А ночью, когда светит Луна, на Земле тихо и люди спят.

Луна захотела посмотреть, что делают люди на Земле днём. Она решила появляться раньше, когда на небе ещё светит Солнце. Теперь она знает, какая Земля днём. А вот Солнце не может увидеть Землю ночью. Когда появляется Солнце, начинается день.

I. Ответьте на вопросы.

1. Почему Солнце сказало, что листья на деревьях зелёные?
2. Почему Луна сказала, что листья серебряные?
3. Почему Луна сказала, что на Земле всегда тихо?
4. Почему Солнце не согласилось с Луной и сказало, что на Земле всегда шумно?
5. Кто услышал спор Солнца и Луны?
6. Что сказал Ветер Солнцу и Луне?
7. Чего захотелось Луне?
8. Что она решила сделать?

II. Как вы думаете, кто прав: Солнце, Луна или Ветер и почему?

3 ДЕТСКИЙ ВРАЧ

ЮРИЙ Степанов был лётчиком. Ему нравилась эта профессия. Но однажды врачи сказали ему, что у него больное сердце и ему нельзя быть лётчиком. Он должен был выбрать другую специальность.

Юрий решил стать врачом. Он поступил в медицинский институт. Учиться было трудно, но интересно. Ему было уже 30 лет.

Он успешно окончил институт и стал детским врачом. Степанову понравилась работа врача. Он полюбил свою новую специальность, полюбил детей. Два года Юрий работал в детской больнице. Но однажды случилось несчастье. В больнице умерла маленькая девочка. Степанов не мог помочь ей, потому что девочка была тяжело больна. Но мать девочки сказала Степанову, что он не имеет права быть детским врачом, потому что он не понимает, что значит потерять ребёнка. Женщина была не права, но Юрий не мог забыть её слова. И тогда он решил, что сделал ошибку, когда выбрал профессию врача.

Юрий Степанов ушёл из больницы, уехал в другой город и начал работать на заводе. На его новой работе никто не знал, что раньше он работал врачом.

Однажды Степанов пришёл в гости к своему товарищу. У того был маленький сын. Товарищ Степанова сказал ему, что мальчик плохо себя чувствует. Когда Юрий увидел мальчика, он понял, что ребёнок серьёзно болен. Юрий внимательно осмотрел мальчика и сказал, какие лекарства он должен принимать. Отец мальчика очень удивился, и тогда Степанов рассказал ему историю своей жизни. Товарищ сказал: «Ты не прав. Ты должен вернуться и работать врачом. Дети ждут тебя».

Степанов вернулся в больницу. Он снова стал работать врачом. Дети очень любят своего врача. Но они не знают, какая трудная и интересная жизнь была у этого человека.

I. Ответьте на вопросы.

1. Почему Юрий Степанов должен был изменить профессию?
2. Почему Степанову было трудно учиться в медицинском институте?
3. Сколько времени он работал в больнице после окончания института?

4. Что делал Юрий, когда он ушёл из больницы?

5. Почему товарищ Степанова удивился, когда Юрий осмотрел мальчика и сказал, какие лекарства нужно принимать?

6. Какой совет дал товарищ Юрию?

7. Как вы думаете, почему дети любят врача Степанова?

II. Расскажите, что произошло однажды в больнице, где работал Степанов.

III. Как, по вашему мнению, Степанов рассказал товарищу историю своей жизни?

IV. Есть ли у вас знакомый врач? Что вы можете рассказать о нём?

V. Может ли каждый быть врачом? Какими качествами, по-вашему, должен обладать врач?

4 НА ЛЬДИНЕ
По Б. Житкову

НА БЕРЕГУ моря стоял посёлок. В нём жили рыбаки. Зимой море замёрзло. Рыбаки собрались на лёд ловить рыбу. Взяли сети, лошадей и поехали на санях по льду.

Поехал и рыбак Андрей, а с ним его сынишка Володя. Выехали далеко-далеко. Вокруг лёд — куда ни посмотри. Андрей с товарищами заехали дальше всех. Остановились, сделали дырки во льду и бросили в них сети.

День был солнечный, всем было весело. Володя помогал отцу доставать рыбу из сетей. Он радовался, что рыбы много. Уже большие кучи мороженой рыбы лежали на льду. Володин отец сказал:

— Всё! Хватит! Поехали домой!

Но люди не хотели возвращаться. Они решили остаться ночевать, а утром снова ловить рыбу. Вечером они поужинали и легли спать в санях. Володя прижался к отцу, чтобы было теплей, и крепко заснул.

Вдруг ночью отец проснулся и закричал:

— Вставайте! Смотрите, какой сильный ветер!

Все проснулись, забегали.

— Почему нас качает? — закричал Володя.

Отец крикнул:

— Беда! Нас оторвало и несёт на льдине в открытое море.

Володя заплакал. Он понял, что случилось что-то страшное. Днём ветер стал ещё сильнее. Вокруг было только море. Люди ходили по льдине грустные, серьёзные и с тревогой смотрели вдаль: не появится ли на горизонте пароход.

От тревоги и страха никто не хотел ни пить, ни есть. А Володя лежал в санях и смотрел в небо. Вдруг среди туч он увидел самолёт и закричал:

— Самолёт! Самолёт!

Все стали кричать и махать шапками. С самолёта упал мешок. В нём была еда и записка: «Держитесь! К вам идёт помощь». Все обрадовались.

Через час пришёл пароход. Он взял со льдины людей, сани, лошадей и рыбу. Это начальник порта узнал, что на льдине унесло восемь рыбаков. Он послал им на помощь пароход и самолёт. Лётчик нашёл рыбаков и по радио сказал капитану парохода, куда плыть.

I. Ответьте на вопросы.

1. Куда собрались рыбаки?
2. Кого взял с собой рыбак Андрей?
3. Что сделали Андрей с сыном, когда приехали на место, где они хотели ловить рыбу?
4. Почему радовался Володя?
5. Как вы думаете, почему рыбаки решили остаться ночевать?
6. Что случилось ночью?
7. Почему все ходили серьёзные и с тревогой смотрели вдаль?
8. Почему все стали кричать и махать шапками, когда увидели самолёт?

II. Как вы понимаете фразы из текста.

«Вокруг лёд — куда ни посмотри».

«Беда! Нас оторвало и несёт на льдине в открытое море».

«От тревоги и страха никто не хотел ни пить, ни есть».

«В мешке была еда и записка: «Держитесь! К вам идёт помощь».

III. Расскажите, как спасли рыбаков.

IV. Есть ли возле вашего дома море, озеро или река? Ловили ли вы когда-нибудь рыбу? Как это происходило?

5 ТРИ РОЗЫ

ДАВНО-ДАВНО в Казахстане жил один молодой поэт. Его звали Абай. Абай писал и пел очень красивые песни.

В саду поэта было много роз. Три красные розы около его дома были особенно красивые. Это были самые любимые цветы поэта. Однажды ночью Абай пел в саду свои любимые песни. Вдруг он услышал незнакомый красивый голос. Этот голос пел песни Абая. Поэт осмотрел весь сад, но в саду никого не было.

Когда пришла следующая ночь, случилось то же самое: опять кто-то пел в саду песни. Абай осмотрел сад, но никого не нашёл там.

Когда пришла третья ночь, Абай снова начал петь и снова услышал незнакомый голос. Он быстро посмотрел назад и увидел девушку. Эта девушка была очень красивая.

— Кто ты? — спросил Абай. — Откуда ты знаешь мои песни?

— Я — одна из трёх роз, которые растут около твоего дома, — ответила девушка. — Утром, когда выйдет солнце, я снова стану розой. Я уже вижу росу на траве и листьях. Роса говорит мне о том, что скоро выйдет солнце. Мне надо спешить. Прощай!

— Подожди! Не уходи! — закричал поэт. — Я всегда хочу слышать твой голос.

— Сейчас я должна уйти, — ответила девушка. — Но если утром, когда выйдет солнце, ты увидишь три розы, и ты узнаешь меня среди них, я снова превращусь в девушку. А если ты не узнаешь меня, я умру.

И девушка ушла. Рано утром, когда вышло солнце, Абай вышел в сад и увидел три розы. Все три розы были одинаковые. Поэт долго смотрел на розы и вдруг закричал: «Это ты!» — и показал на одну из роз. И роза превратилась в прекрасную девушку.

Скажите, как узнал Абай свою розу?

I. Ответьте на вопросы.

1. Сколько роз было в саду Абая?
2. Какие цветы были самыми любимыми у Абая?
3. Что делал Абай в саду ночью?
4. Кого увидел поэт в саду?
5. Что рассказала девушка о себе?
6. О чём говорила девушке роса?
7. Почему девушка должна была уйти?
8. Роза превратилась в девушку? Почему?
9. Как Абай узнал свою розу?

II. Закончите фразы из текста.

1. Поэт осмотрел весь сад, но... .
2. Когда пришла следующая ночь, случилось то же самое: опять... .
3. Но если утром, когда выйдет солнце, ты увидишь три розы и узнаешь меня среди них, я снова... .
4. Поэт долго смотрел на розы и вдруг закричал: «Это ты!» — и... .

III. Расскажите сказку от имени Абая.

IV. Ответьте одним предложением на вопрос «О чём рассказывает текст?».

V. Какое название вы могли бы дать этому тексту?

VI. Расскажите одну из сказок своего народа.

13

6 ШУТКИ

— МАМА, вчера, когда я играл на барабане, пришёл дядя Коля, который живёт на втором этаже.

—Что он сказал?

— Мама, дядя Коля очень хороший. Он дал мне нож и сказал: «Посмотри, что в барабане».

БЕДНЫЙ молодой человек полюбил богатую девушку.

— Ты такая богатая, — сказал он.

— Да, у меня миллион долларов.

— Ты выйдешь за меня замуж?

— Нет.

— Я так и думал.

— Зачем же ты спросил?

— Я хотел узнать, что чувствует человек, когда теряет миллион долларов.

— ПАПОЧКА, купи мне барабан!

— Сынок, дай мне отдохнуть, у меня на работе и так много шума.

— Купи, папочка! Я буду на нём играть, когда ты будешь спать.

УЧИТЕЛЬНИЦА спросила:

— Пэт, если у тебя есть доллар и ты попросишь у брата ещё один доллар, сколько у тебя будет денег?

— Один доллар, мисс.

— Ты плохо знаешь математику.

— Это вы плохо знаете моего брата.

14

ЗВОНОК. Дантист открывает дверь и видит десять мальчиков.

— Мне нужно вырвать зуб, — говорит один.

— А твои друзья?

— Они пришли послушать, как я буду кричать.

ШЕРЛОК Холмс и доктор Ватсон путешествуют пешком. Когда они шли по лесу, наступила ночь. Они поставили палатку и легли спать. Ночью оба просыпаются, Холмс спрашивает:

— Ватсон, о чём вам говорят эти звёзды над нами?

— Они говорят мне о том, что завтра будет прекрасная погода. А вам?

— А мне они говорят о том, что у нас украли палатку.

ОДИН молодой человек пришёл в зоомагазин. Ему понравился толстый красивый кот.

— Сколько стоит этот кот? — спросил молодой человек.

— Тысячу рублей, — ответили ему.

— Как? На прошлой неделе я заходил в ваш магазин, и этот кот стоил тогда в два раза меньше.

— Да, — сказал продавец, — это правда. Но за эту неделю он съел двух самых дорогих попугаев, которые были в нашем магазине.

НЕДАВНО я встретил на улице одного своего знакомого, который бежал с каким-то свёртком в руках. Я с трудом остановил его на минутку:

— Куда ты бежишь?

— Вот купил жене шляпу и хочу успеть домой, прежде чем изменится мода.

ПОЛИЦЕЙСКИЙ останавливает на дороге плотно укрытый воз и спрашивает крестьянина:

— Что вы там везёте?

— Сено, — шёпотом отвечает крестьянин.

— А почему вы так тихо говорите?

— Чтобы лошадь не услышала.

I. Ответьте на вопросы.

1. Какая шутка вам больше всего понравилась. Переведите её на ваш родной язык.

2. Расскажите свою любимую шутку.

7 ║ КАК ВИКТОР ВЫБРАЛ ПРОФЕССИЮ

ВИКТОР жил в Петербурге и учился в десятом классе. У него было много друзей. Когда друзья собирались вместе, они говорили о том, что они будут делать, когда окончат школу. Один хотел стать инженером, другой — врачом, третий — строителем, четвёртый — агрономом. Каждый думал, что он выбрал самую хорошую профессию.

А Виктор ничего не говорил. Когда друзья спросили его, кем он хочет стать, он ответил: «Я хочу стать писателем!» Друзья засмеялись: «Как ты можешь стать писателем? Ты не знаешь жизнь!»

Виктор ничего не ответил.

После окончания школы Виктор пришёл в Литературный институт. Когда он хотел сдать свои документы, секретарь сказал ему, что в этот институт могут поступить люди, которые уже написали хороший рассказ или стихи. Виктор понял, что сначала он должен написать рассказ. Он долго не мог решить, о чём писать. Да, его друзья правы, он плохо знает жизнь.

Виктор решил начать работать, а через год поступать в институт. Он начал искать интересную работу. Наконец он поехал на Север с геологами, чтобы изучить их жизнь. Виктор знал, что у геологов трудная, но интересная работа. Он познакомился с разными людьми, которые очень любили свою специальность. Виктор работал вместе с ними.

Однажды Виктор сказал геологам, что он хочет написать рассказ об их профессии. И теперь каждый вечер после работы геологи рассказывали ему разные истории из своей жизни, чтобы помочь ему написать интересный рассказ.

Прошёл год. Когда Виктор с геологами вернулись в Петербург, на вокзале они сказали ему: «Мы желаем тебе стать хорошим писателем!» Виктор засмеялся и ответил: «А я решил стать геологом!»

I. Ответьте на вопросы.

1. О чём говорили друзья, когда собирались вместе?
2. Почему Виктор ничего не говорил?
3. Почему друзья засмеялись, когда он сказал, что хочет стать писателем?
4. Что сказал Виктору секретарь Литературного института?
5. Почему Виктору трудно было решить, о чём писать?
6. Где работал Виктор? Почему?
7. Как геологи помогали будущему писателю?
8. Какие слова сказал Виктор геологам, когда они пожелали ему стать хорошим писателем?

II. Закончите фразы из текста.

«Когда друзья собирались вместе, они говорили о том, ... ».
«Когда он хотел сдать свои документы, секретарь сказал ему, что... ».
«Виктор решил работать, а через год... ».
«Однажды Виктор сказал геологам, что он хочет... ».
«И теперь каждый вечер после работы геологи рассказывали... ».

III. Каким вы представляете себе Виктора?

IV. Смогли бы вы стать геологом? А писателем?

V. Расскажите, какая профессия вам нравится и почему.

8 АБУ-НУВАС

У АБУ-НУВАСА был маленький сын. Этому весёлому и хитрому мальчику было только семь лет, но он был уже очень похож на своего отца. Абу-Нувас очень любил своего весёлого хитрого сына, хотя сын часто обманывал своего отца.

Однажды друг Абу-Нуваса пришёл к нему в гости и принёс ему сладкую халву, которую Абу-Нувас очень любил. Абу-Нувас решил, что он съест эту халву, когда будет пить чай. Друг Абу-Нуваса ушёл. Абу-Нувас хотел начать пить чай, но в этот момент в дверь кто-то постучал. Абу-Нувас открыл дверь и увидел своего соседа. Сосед сказал Абу-Нувасу, что у него сегодня день рождения и он хочет, чтобы Абу-Нувас пришёл к нему в гости. Абу-Нувас сказал, что придёт через несколько минут. Но он хорошо знал, что, как только он уйдёт, сын обязательно съест вкусную халву, которую принёс его друг. Поэтому он решил обмануть своего маленького сына.

Он сказал своему маленькому сыну, что человек, который принёс эту халву, его старый враг и что в этой халве есть яд. «Если ты съешь эту халву, ты обязательно умрёшь», — сказал Абу-Нувас своему сыну.

Абу-Нувас ушёл к своему соседу. Когда он ушёл, его весёлый хитрый маленький сын взял халву и съел её. Он понял, что отец сказал неправду, потому что он не хотел, чтобы сын съел его любимую халву.

Но когда сын съел всю халву, он испугался. Он подумал, что отец очень рассердится, когда увидит, что сын съел всю халву. И он решил обмануть своего отца. Он взял любимый нож Абу-Нуваса и сломал его. Потом он положил сломанный нож рядом с собой на пол и начал ждать, когда придёт отец.

Когда Абу-Нувас пришёл домой, он увидел, что его любимый маленький сын сидит на полу и плачет, а рядом с ним лежит сломанный нож. Сын увидел отца и сказал: «Я случайно сломал твой любимый нож и решил умереть. Поэтому я съел всю халву. А теперь я сижу и жду, когда я умру. Я не понимаю, почему я ещё не умер». Когда Абу-Нувас услышал эти слова, он начал громко смеяться. Он понял, что его маленький сын хитрее его.

I. Ответьте на вопросы.

1. Что принёс Абу-Нувасу его друг?
2. Когда Абу-Нувас решил съесть халву?
3. Зачем к Абу-Нувасу пришёл сосед?
4. Почему отец решил обмануть своего сына?
5. Что сказал Абу-Нувас сыну о халве?
6. Почему мальчик понял, что отец сказал неправду?
7. Почему он испугался, когда съел всю халву?
8. Как сын обманул своего отца?
9. Почему Абу-Нувас засмеялся, когда услышал слова сына?

II. Закончите фразы из текста.

«Этому весёлому и хитрому мальчику было только семь лет, но он был уже... ».

«Однажды друг Абу-Нуваса пришёл к нему в гости и... ».

«Сосед сказал Абу-Нувасу, что у него сегодня день рождения, и он хочет... ».

«Он сказал своему маленькому сыну, что человек, который принёс эту халву... ».

III. Знаете ли вы, что такое халва? Вы её пробовали? Если да, какая она на вкус?

IV. Вы знаете слово «сладкий». А что, по-вашему, значит слово «сладости»?

V. Какие сладости есть в вашей национальной кухне?

VI. Дайте тексту другое название.

9 ДРУЗЬЯ
По А. Гайдару

ЛИДА жила в Москве. Ей было тринадцать лет. Она училась в школе. Лида жила в Москве без родителей. Её мать умерла несколько лет назад, а отец был в армии и жил в другом городе.

Зимой Лида жила у своей старшей сестры, а летом, когда были каникулы, она отдыхала в деревне. Там у Лиды было много друзей. Но лучшим другом Лиды был мальчик, которого звали Тимур. Он всегда помогал Лиде, когда ей было трудно.

Однажды летом, когда Лида отдыхала в деревне, она пошла гулять со своими друзьями и вернулась домой очень поздно. Когда она вошла в свою комнату, она увидела, что на столе лежит телеграмма. Лида взяла телеграмму и прочитала её. Телеграмма была от сестры. «Сегодня ночью отец будет в Москве. Он будет здесь только два часа. Жду тебя в Москве».

Лида положила телеграмму на стол и посмотрела на часы. Было двенадцать часов ночи. Лида поняла, что она опоздала на последний поезд и уже не сможет увидеть отца. Она села на кровать и заплакала. Она давно не видела отца и очень хотела встретиться с ним.

Вдруг Лида вспомнила, что у неё есть друг Тимур, который всегда помогал ей раньше в трудные минуты. Может быть, он поможет ей и теперь? Лида позвонила Тимуру по телефону и рассказала ему о телеграмме, которую она получила. Тимур сказал ей, чтобы она ждала его около дома.

Через несколько минут Тимур приехал к дому на мотоцикле своего старшего брата. Лида села на мотоцикл, и они поехали в Москву. Когда они приехали, отец Лиды уже стоял около двери. Он очень обрадовался, потому что думал, что уже не увидит Лиду.

— Как хорошо, что ты приехала! — сказал он Лиде. — Но почему ты приехала так поздно?

Лида ответила ему:

— Я получила телеграмму очень поздно. Когда последний поезд ушёл в Москву, я думала, что я не смогу увидеть тебя. Но у меня есть друг Тимур. Он очень хороший человек. Это он помог мне приехать в Москву.

Лида позвала Тимура. Отец поблагодарил его и сказал Лиде:

— Я очень рад, что у тебя есть хороший друг!

I. Ответьте на вопросы.

1. Почему Лида жила без родителей?
2. Где она жила зимой и где она жила летом и почему?
3. Какую телеграмму получила Лида?
4. Почему она заплакала, когда прочитала телеграмму?
5. Как Тимур помог Лиде?
6. Почему отец очень обрадовался, когда приехали Лида и Тимур?

II. Каким вы представляете себе Тимура?

III. Как вы понимаете словосочетание «хороший друг»?

IV. Расскажите о непростой ситуации в жизни, когда друг помог вам или вы помогли ему.

10 ИСТОЧНИК МОЛОДОСТИ

В ОДНОМ маленьком бедном домике жили старик со старухой. Они оба были очень старые: старику было девяносто лет, а старухе — восемьдесят.

Однажды рано утром старик пошёл за дровами в горы. Он поднимался на гору медленно, часто садился отдыхать. Наконец он пришёл в лес и начал рубить дрова. Старик работал долго и очень устал. Он с трудом поднял дрова и начал спускаться с горы. Было жарко, дрова были тяжёлые, старику было трудно идти. Вдруг недалеко от дороги он услышал шум воды. Старик подошёл и увидел небольшой источник. Вода в источнике была чистой, прозрачной и блестела на солнце. Старик решил выпить этой воды и отдохнуть. Он положил дрова на землю, стал пить вкусную холодную воду. Потом старик лёг около источника на мягкую зелёную траву и заснул.

Старик спал долго. Когда он проснулся, он увидел, что день уже кончается, наступает вечер. Он быстро встал, взял дрова и пошёл вниз. Старик спешил, шёл быстро, но не уставал, ему было легко идти с дровами. «Странно, — подумал старик. — Дрова были такие тяжёлые, а теперь стали лёгкие! Почему?»

Дома старуха долго ждала своего мужа. Было уже поздно, и она решила идти искать старика. Недалеко от своего дома она встретила юношу с дровами. Старуха спросила его:

— Ты не видел в лесу моего старика с дровами? Он пошёл за дровами рано утром, и до сих пор его нет!

— Ты что, не видишь меня, старуха? Или не узнаёшь? Это же я, твой старик!

— Не смейся надо мной, молодой человек, — сказала ему старуха. — Как тебе не стыдно! Это сейчас ты молодой, а через семьдесят лет ты тоже будешь старым, как мой муж.

Тогда старик понял, что выпил воду из источника молодости, о котором много лет назад ему рассказывал его отец. Он рассказал об этом чудесном источнике своей старухе, она обрадовалась и решила тоже выпить этой воды, чтобы стать молодой. Муж рассказал ей, где находится этот источник, и посоветовал ей пойти туда утром. Но женщина не хотела ждать до утра и сразу пошла искать источник, а муж остался дома.

Муж долго ждал свою жену. Наступила ночь, старухи не было, и старик решил пойти за ней в лес. Он пришёл к источнику, но там не было старухи. Он долго искал её на берегу и вдруг услышал детский плач. Недалеко от источника, под деревом, лежал маленький ребёнок в платье старухи. Женщина хотела стать моложе, чем муж, и выпила слишком много воды.

I. Ответьте на вопросы.

1. Где жили старик со старухой?
2. Что делал старик в горах?
3. Почему ему трудно было идти вниз?
4. Что делал старик около источника?
5. Сколько времени он спал?
6. Почему старуха пошла искать старика?
7. Почему старик узнал старуху, а она его нет?
8. Что понял старик после слов старухи?
9. Зачем старуха решила пойти к источнику?
10. Почему она не вернулась домой?

II. Как вы можете объяснить значение слова «источник» из данного текста?

III. Опишите место, где находился источник.

IV. Расскажите текст от лица старика.

V. Вы когда-нибудь пили воду из источника? Если помните, в какой ситуации?

VI. Объясните, почему текст называется «Источник молодости».

11 | КАМЕНЬ
По О. Козыреву

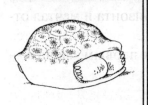

НА БЕРЕГУ большого океана жил Камень. Он смотрел на полёты чаек, на шум прибоя и очень тосковал. Это был грустный Камень. А грустил он потому, что умел мечтать. Его друзья, тоже камни, не понимали его. Они только смеялись над ним и шушукались друг с другом за его спиной. Другие камни целый день только и делали, что нежились на солнце и рассказывали свежие сплетни.

У Камня была странная мечта. Он хотел плавать. Все знали об этом, и Камень часто слышал злые шутки от своих соседей.

— Ну как? — ехидно спрашивали они его каждое утро. — Ещё не уплыл?

И весь берег начинал хохотать.

Проходили дни, месяцы, годы. Некоторые камни уносило штормом, некоторые приносило. А Камень всё ждал и верил в свою мечту. Он видел сны, как он уплывёт далеко-далеко и увидит страны, о которых ему рассказывали чайки.

Чайки считали Камень сумасшедшим, но любили откладывать яйца рядом с ним. Ведь он был очень тёплым камнем.

Однажды ночью Камень проснулся от какого-то шума. Этот шум шёл от него самого. «Тук — тук!» — что-то стучало внутри него.

В тревоге он пошевелился. Пошевелился!!!

Только сейчас он понял, что сбылась его мечта. Внутри у него билось сердце, он мог ходить! Осторожно, медленно он подошёл к воде. Океан мягко принял, поднял его и понёс в свои бескрайние просторы.

Пришло утро.

— Ну как? Ещё не ... — и вдруг все заметили, что Камня нет.

— Неужели уплыл? — спросил маленький Камушек.

— Ерунда! Его просто унесло волной, — сердито сказал старый Валун.

Так все и решили, хотя знали, что ночью был штиль и на море не было ни одной волны.

Только маленький Камушек смотрел в даль горизонта и мечтал отправиться за Камнем.

А Камень плыл всё дальше и дальше. Он был первым, вернее — первой.

Первой на Земле Черепахой.

I. Ответьте на вопросы.

1. Почему Камень очень тосковал?

2. Что весь день делали другие камни?

3. Какая мечта была у Камня?
4. Почему по утрам весь берег хохотал?
5. Какие сны видел Камень?
6. Что случилось однажды ночью?
7. Почему старый Валун сердито сказал, что Камень просто унесло волной?
8. Кем стал Камень?

II. *Объясните по-русски слова и словосочетания:*

шум прибоя, шушукаться, нежиться на солнце, сплетня, бескрайние просторы.

III. *Как вы думаете, для чего слова Камень, Камушек, Валун автор пишет с большой буквы?*

IV. *Вы были когда-нибудь на море? Вам понятно описание автором морского побережья? Что бы вы могли добавить к этому?*

12 ЗОЛОТАЯ РЫБКА
По сказке А.С. Пушкина

ОКОЛО синего моря стоял маленький домик, в котором жили старик и старуха. Они жили очень бедно, в доме у них почти ничего не было. Каждый день старик ходил к морю, ловил рыбу, а старуха её готовила. На завтрак была рыба, на обед — рыба, на ужин — рыба.

Однажды старик поймал очень красивую рыбку. Эта рыбка была необыкновенная, она была золотая и умела говорить человеческим голосом. Старик взял рыбку в руки, а она и говорит: «Не бери меня, старик! Отпусти меня обратно в синее море. Я всё могу. Что ты попросишь, то я для тебя и сделаю».

Старик был добрым, он ничего не попросил у рыбки и отпустил её обратно в синее море. «Ничего мне не нужно, — сказал он. — Плавай в море!» И рыбка уплыла в глубину.

Пришёл старик домой, всё рассказал старухе. Старуха рассердилась: «Какой ты глупый, старик! Иди скорее к берегу, позови золотую рыбку, попроси у неё немного хлеба и новое корыто для меня. Моё корыто совсем старое и разбитое».

Старик ничего не сказал, пошёл к морю, начал звать золотую рыбку. Подплыла к нему золотая рыбка, спросила: «Что тебе нужно, старик?» Старик ответил: «Моя старуха рассердилась, послала к тебе за хлебом и новым корытом». Рыбка ответила: «Ни о чём не думай, старик, иди домой. Будет у вас и хлеб, и новое корыто».

Старик вернулся домой и видит: на столе лежит вкусный душистый хлеб, а около стола стоит новое корыто. Но старуха опять недовольна: «Глупый ты, старик! Иди обратно к берегу и попроси у рыбки новый богатый дом».

Опять пошёл старик к морю, опять позвал рыбку, рассказал ей всё. Рыбка ответила ему ласково: «Иди домой, всё у тебя будет». Когда старик пришёл домой, на месте своего старого дома он увидел новый богатый каменный дом, а в его доме сидит его старуха в новом дорогом платье, а вокруг неё бегают слуги. Подошёл старик к старухе, а она и говорит: «Иди к рыбке, скажи ей, что я хочу быть царицей». Ушёл старик, всё сделал, как сказала старуха. А когда вернулся, видит: стоит высокий дворец, вокруг дворца сад, всюду музыка играет, богатые люди вокруг ходят.

Прошло некоторое время. Опять зовёт старуха старика и говорит ему: «Иди к морю, скажи рыбке — не хочу быть царицей на земле, а хочу быть морской царицей. Хочу, чтобы все в море меня слушали, а рыбка была моей слугой».

Стал старик грустным, но пошёл к морю ещё раз. Позвал рыбку — нет её, ещё раз позвал — нет. Третий раз позвал старик рыбку. Потемнело, зашумело синее море. Наконец приплыла рыбка к берегу. Рассказал ей старик, чего хочет его старуха.

Ничего не сказала старику золотая рыбка на этот раз, отплыла от берега, махнула хвостом и ушла в глубину моря. Долго ждал на берегу старик, потом пошёл домой. Вернулся он домой и видит: стоит на берегу его старый бедный дом, а около дома сидит его старуха в рваном платье, а перед ней разбитое корыто.

I. Ответьте на вопросы.

1. Почему старик и старуха ели только рыбу?
2. Какую рыбу поймал однажды старик?
3. Почему он отпустил рыбку обратно в море?
4. Какое было первое желание старухи?
5. Что увидел старик, когда вернулся к своему дому?
6. Что старуха захотела получить от рыбки во второй раз?
7. Какое было третье желание старухи?
8. Какую картину увидел старик, когда последний раз пришёл домой?

II. Почему старуха всё время называла старика глупым?

III. Закончите следующие фразы из текста.

«Не бери меня, старик! Отпусти меня обратно... ».

«Старик вернулся домой и видит: на столе лежит... ».

«Иди к морю, скажи рыбке — не хочу быть царицей на земле, а... ».

«Ничего не сказала старику золотая рыбка на этот раз, отплыла от берега, ... ».

IV. Объясните, почему, по вашему мнению, рыбка в конце концов не захотела выполнять желания старухи.

V. Известно ли вам имя А.С. Пушкина? Если да — вспомните, что вы знаете об этом человеке.

13 ВОРОБЕЙ
По И. Тургеневу

Я ВОЗВРАЩАЛСЯ с охоты и шёл по аллее сада. Собака бежала впереди меня. Вдруг она уменьшила свои шаги и начала красться, как будто почувствовала перед собой дичь.

Я посмотрел вперёд и увидел маленькую птичку. Это был совсем молодой воробей, вернее воробышек. Ветер сильно качал берёзы аллеи, и птенец упал из гнезда. Он ещё не умел летать и теперь сидел неподвижный и беспомощный.

Моя собака медленно приближалась к воробышку. Но вдруг сверху, с дерева, камнем упал перед собакой черногрудый большой воробей. Весь взъерошенный, он с отчаянным писком прыгнул два раза вперёд, навстречу огромной собаке.

Он хотел спасти, заслонить собой своего маленького птенца. Всё его тело дрожало от страха, голосок охрип. Каким огромным чудовищем должна была казаться ему собака! Но он жертвовал собой, он не мог сидеть на своей высокой безопасной ветке, какая-то непонятная сила заставила его броситься вниз.

Моя собака остановилась. Наверное, и она почувствовала эту силу. Я позвал собаку и ушёл, благоговея. Да, не смейтесь! Я благоговел перед этой маленькой героической птицей. Любовь, думал я, сильнее смерти и страха смерти. Только ею, только любовью держится и движется жизнь.

I. *Ответьте на вопросы.*

1. Откуда возвращался автор с собакой?
2. Почему собака изменила своё поведение?
3. Как на аллее сада оказался воробышек?
4. Что заставило воробья броситься с дерева вниз?
5. Почему собака охотника остановилась перед воробьём?
6. Что подумал автор о случившемся?

II. *Объясните по-русски слова и словосочетания:*
воробышек, птенец, голосок, черногрудый воробей, дичь.

III. *Как вы понимаете мысль, выраженную в последних двух фразах текста, и согласны ли вы с ней?*

IV. *Что такое «охота»? Как вы её себе представляете? Каким должен быть охотник?*

14 ЦАРЬ И РУБАШКА

ОДИН царь заболел и сказал: «Половину царства я отдам тому, кто меня вылечит». Тогда собрались мудрецы и стали думать, как вылечить царя. Никто не знал. Только один мудрец сказал: «Я знаю, как вылечить царя. Надо найти счастливого человека, снять с него рубашку и надеть на царя. Тогда царь выздоровеет».

Царь приказал найти счастливого человека. Послы царя долго ездили по всему царству и искали, но не могли найти такого человека, который был бы всем доволен. Один богат, да болен; другой здоров, да беден; третий и богат и здоров, да жена не хороша. Все на что-нибудь жалуются.

Однажды царский сын идёт мимо избушки и вдруг слышит, как кто-то говорит: «Слава богу, я сегодня хорошо поработал, наелся и сейчас лягу спать. Больше мне ничего не нужно».

Царский сын обрадовался, приказал снять с этого человека рубашку и дать ему столько денег, сколько он захочет, а рубашку отнести царю. Посланные пришли к счастливому человеку и хотели взять у него рубашку, но счастливый был так беден, что на нём не было рубашки.

I. Ответьте на вопросы.

1. Кому и за что царь готов был дать половину царства?
2. Для чего собрались мудрецы?
3. Что предложил один мудрец?
4. Почему послы царя ездили по стране?
5. Почему они не могли найти счастливого человека?
6. Какие слова однажды услышал царский сын?
7. Что приказал сделать царский сын?

8. Почему посланные царским сыном люди не смогли взять у счастливого человека его рубашку?

II. Закончите фразы из текста.

«Половину царства я отдам тому, кто... ».

«Тогда собрались мудрецы и стали думать, как... ».

«Надо найти счастливого человека, снять с него рубашку и... ».

«Царский сын обрадовался, приказал снять с этого человека... ».

«Посланные пришли к счастливому человеку и хотели взять у него рубашку, но счастливый был так беден, что... ».

III. Как вы понимаете слово «мудрец»?

IV. Объясните по-русски, что такое сказка.

V. Расскажите одну из сказок своего народа.

15 ПОХИЩЕНИЕ «ДЖОКОНДЫ»

ВО ВТОРНИК, 22 августа 1911 года, французские журналисты объявили, что «Джоконда», известная картина Леонардо да Винчи, украдена. Эту картину часто называют «Мона Лиза».

История этого загадочного похищения началась днём раньше, в понедельник, 21 августа. Лувр — музей, в котором находилась эта известная картина, в понедельник был закрыт. В этот день трое рабочих вошли в музей, чтобы сделать ремонт. В 7 часов 20 минут они остановились в зале, где висела «Джоконда». «Это самая дорогая картина в мире», — сказал один из рабочих, глядя на загадочную улыбку Моны Лизы.

Через час рабочие снова прошли через этот зал. Но на этот раз картины не было на месте. «Смотри, — пошутил один из рабочих. — Они её спрятали. Они боятся, что мы возьмём её».

Прошёл день. В среду, 23 августа, приехал художник, который хотел сделать копию известной картины Леонардо да Винчи.

— Где картина? — спросил он хранителя музея.

— Наверное, она у фотографа, — ответил хранитель.

На самом деле он не знал, где картина. Но он подумал, что если картины нет на месте, то она у фотографа.

В полдень художник начал волноваться.

— Где «Джоконда? — ещё раз спросил он у хранителя.

— Я пойду узнаю, — ответил тот.

Через десять минут хранитель вернулся. Он был очень бледен от волнения. Дрожащим голосом он сказал: «У фотографа её нет». Так с опозданием на полтора дня обнаружили, что самая дорогая картина мира украдена из музея.

Через некоторое время в музей пришли полицейские. Они попросили посетителей уйти, закрыли двери и всё обыскали. Скоро они нашли рамку «Джоконды». Опросили всех хранителей. Все они были уверены, что картину не могли вынести из музея. Продолжали искать. Но ничего не нашли.

Прошло несколько дней. Вся полиция Франции и Европы искала «Мону Лизу», которая была написана в 1504 году во Флоренции великим художником Леонардо да Винчи и куплена в 1518 году королём Франции Франсуа Первым. Осматривали поезда. Останавливали людей. Но ничего не нашли.

Прошли недели, месяцы, годы. Ничего.

В декабре 1913 года, через два года и три месяца после похищения «Джоконды», один торговец произведениями искусства во Флоренции получил странное письмо: «Дорогой месье Жери! Я итальянец. Это я взял «Джоконду» в Лувре в 1911 году. Я сделал это, чтобы вернуть Италии лучшую картину, когда-либо написанную художником и украденную Францией. Леонардо».

«Это сумасшедший», — подумал месье Жери, торговец картинами. Но он ответил на письмо. В результате этого картина была найдена. Вот как это произошло.

11 декабря 1913 года месье Жери пришёл в отель, чтобы встретиться с Винченцо Леонардо — человеком, который украл «Джоконду». Жери

вошёл в комнату Леонардо. Леонардо поискал под своей кроватью и вытащил большой чемодан, из чемодана он вытащил пакет. Он открыл пакет. Жери не мог поверить своим глазам. Перед ним была знаменитая улыбка Моны Лизы. Это была «Джоконда».

Об этом сообщили королю Италии, Папе Римскому, послу Франции и даже в итальянский парламент. 31 декабря 1913 года «Джоконду» привезли в Париж. Её охраняли двадцать полицейских. Картину повесили на старое место в Лувре. В этот день сто тысяч человек пришли в Лувр, чтобы увидеть её.

Но почему Винченцо Леонардо, которого в действительности звали Винченцо Перуджиа, украл «Джоконду»? Вот что он сам сказал: «Я прочитал, что Наполеон украл «Джоконду» у Флоренции. Из-за этого я украл её. Я хотел вернуть её Италии».

Благодаря тому, что симпатии итальянцев были на стороне Винченцо, он находился в тюрьме только шесть месяцев.

I. Ответьте на вопросы.

1. Откуда была похищена «Мона Лиза»?
2. Зачем рано утром в Лувр пришли рабочие?
3. Для чего в музей приехал художник?
4. Почему хранитель музея на вопрос художника: «Где картина?» — ответил, что она у фотографа?
5. Как быстро обнаружили, что картина «Джоконда» украдена?
6. Кто написал «Мону Лизу» и когда?
7. Почему полиция всей Европы искала картину?
8. Кто украл «Джоконду» и почему?
9. Как нашли картину?

II. Если вы видели эту картину, опишите свои впечатления от неё.

III. Известно ли вам имя Леонардо да Винчи? Где и когда вы о нём услышали впервые?

16 ЧЕТЫРЕ ЖЕЛАНИЯ
Л.Н. Толстой

МАЛЬЧИК Митя весь день катался на коньках на реке, бегал по лесу на лыжах, прибежал домой весёлый, румяный и сказал отцу:

— Как весело зимой! Я хотел бы, чтобы всегда была зима!

Отец ответил:

— Запиши своё желание в мою карманную книжку.

Митя записал своё желание в книжку отца и опять побежал гулять. Пришла весна. Митя бегал по полю за бабочками, рвал прекрасные весенние цветы, прибежал к отцу и сказал:

— Какая прелесть эта весна! Нет ничего лучше! Я бы очень хотел, чтобы всегда была весна!

Отец дал Мите свою карманную книжку и сказал, чтобы Митя записал в неё своё желание.

Наступило лето. Отец Мити пошёл работать в поле и взял мальчика с собой. Весь длинный летний день Митя веселился: он ловил рыбу в реке, собирал в лесу грибы и ягоды, а вечером сказал отцу:

— Какой сегодня чудесный день! Как хорошо летом! Это самое прекрасное время года! Я желал бы, чтобы всегда было лето!

Это желание Мити отец тоже записал в свою карманную книжку. Пришла осень. Вся семья собирала в саду урожай: красные яблоки и жёлтые груши. Митя был очень доволен и сказал отцу:

— Осень лучше всех времён года! Я хочу, чтобы всегда была осень!

Тогда отец взял свою карманную книжку и показал Мите, что он говорил то же самое и о весне, и о лете, и об осени.

— Какое же время года самое лучшее? — спросил отец. Митя не мог ответить.

I. Ответьте на вопросы.

1. Почему Митя сказал отцу, что он хотел бы, чтобы всегда была зима?
2. Мите понравилась весна. Почему? Что он сказал отцу?
3. Что делал Митя летом? Что записал отец в свою карманную книжку?
4. Почему Митя сказал отцу, что осень лучше всех времён года?

II. Как вы думаете, почему отец просил сына записать свои желания в карманную книжку?

III. Опишите время года, которое вам больше всего нравится.

IV. Расскажите о четырёх временах года.

V. Что вы можете рассказать о временах года в вашей стране? Отличаются ли они от времён года в России?

17 ХЛЕБ И ЗОЛОТО

ЖИЛ один бедный крестьянин. Его звали Аббас. Аббас очень много работал в поле, чтобы прокормить себя и свою семью. В свободное время Аббас думал о том, как найти клад, чтобы стать богатым.

Однажды в очень жаркий день Аббас, как всегда, работал в поле. Вдруг он почувствовал сильную усталость и сел под дерево отдохнуть. Он закрыл глаза и начал мечтать: «Если бы Аллах дал мне чудесную силу, чтобы я мог превращать всё, что я возьму в руки, в золото. Как это было бы хорошо!»

Аббас не заметил, как уснул. Во сне он услышал голос: «Аббас! Ты получишь то, что ты так хочешь. Положи свою руку на какой-нибудь предмет — и он сразу превратится в золото». Аббас взял маленький камень — камень превратился в золото. Взял Аббас другой камень — и тот сразу стал золотым. Обрадовался Аббас и решил: «Пойду сейчас в город, превращу все камни в золото, куплю много земли, построю красивый дом с садом, куплю прекрасных коней и красивую одежду».

Он хотел встать, но почувствовал сильную усталость, голод, жажду и понял, что он не сможет идти. «Съем сначала завтрак, который я принёс из дома», — решил Аббас. Аббас взял хлеб из мешочка, положил его в рот, но почувствовал вкус металла. Он понял, что хлеб превратился в золото. В мешочке лежал ещё лук. Аббас взял его, но и лук превратился в золото. Аббас испугался. Как он будет теперь пить и есть? Как будет жить в мире, где вокруг будет одно только золото?

Ведь он скоро умрёт от голода и жажды!

Но в этот момент Аббас открыл глаза и понял, что он спал и что всё это ему приснилось. Аббас очень обрадовался, взял свой мешочек, позавтракал и сказал: «Как хорошо, что это был только сон!»

I. Ответьте на вопросы.

1. Почему в свободное время Аббас думал, как найти клад?
2. О чём он мечтал, когда сел отдохнуть под деревом?
3. Почему после сна Аббас понял, что он не сможет идти?
4. Что случилось, когда он решил позавтракать?
5. Почему Аббас испугался?

II. Закончите фразы из текста.

«Аббас очень много работал в поле, чтобы... ».

«В свободное время Аббас думал о том, как... ».

«Он хотел встать, но... ».

«Но в этот момент Аббас закрыл глаза и понял, что... ».

III. Как вы понимаете слова Аббаса: «Как хорошо, что это был только сон!»?

IV. Перескажите текст от имени Аббаса.

18 МАЛЕНЬКАЯ ВЕНЕЦИЯ

В КОНЦЕ XV века европейцами, искавшими новые земли и новые богатства, был открыт материк, который сейчас называется Америкой. Новый материк привлекал внимание многих предприимчивых людей. О его богатстве рассказывали легенды. Европейцы организовывали экспедиции к берегам вновь открытого материка. Одна из таких экспедиций, организованная испанцами, была особенно интересной. Начальником экспедиции был испанец Охеда, вместе с ним плыл итальянец Америго Веспуччи, именем которого был позднее назван новый материк Америка.

Корабль долго плыл по океану. Наконец моряки увидели приближающуюся землю. Первая деревня, увиденная с корабля, была расположена не на земле, а на воде. Дома индейцев (коренных жителей Америки) стояли на сваях.

— Не правда ли, сеньор Америго, когда вы смотрите на эту деревню, вы вспоминаете родную Италию? Ведь Венеция тоже расположена на воде! — заметил капитан.

— Вы правы, капитан, — ответил Америго Веспуччи, — это как Венеция, но маленькая Венеция. А эти лодки похожи на итальянские гондолы, — добавил он, показывая на плывущие к ним лодки индейцев.

— Хорошо, — сказал капитан, — давайте назовём этот берег маленькой Венецией.

— Венесуэла — это по-испански «маленькая Венеция», — сказал Америго.

«Венесуэла» — так был назван позднее весь Карибский берег Южной Америки. А затем это красивое имя получила образовавшаяся в этой области республика.

I. Ответьте на вопросы.

1. Почему новый материк привлекал внимание многих предприимчивых людей?
2. В какой экспедиции участвовал итальянец Америго Веспуччи?
3. Как выглядела первая деревня, увиденная с корабля?
4. Почему капитан спросил Америго Веспуччи, не вспоминает ли он родную Италию, глядя на деревню?
5. Что значит по-испански слово «Венесуэла»?
6. Где находится Венесуэла?

II. Восстановите ситуации, в которых употреблялись слова и словосочетания:

открыть материк, привлекать внимание, организовать экспедицию, начальник экспедиции, предприимчивый человек, коренной житель.

III. Были ли вы когда-нибудь в городе или деревне, расположенной на воде? Опишите ваши ощущения.

IV. На каких материках вы бывали?

V. Какой материк самый холодный?

19 ЗАБАВНАЯ ИСТОРИЯ

ЗАБАВНАЯ история произошла со мной в прошлую субботу. Я приехал в Лондон за покупками. Мне нужно было купить подарки к Рождеству и найти некоторые книги для моей учёбы (как вы поняли, я студент). Я выехал в Лондон рано утром, поэтому после обеда уже купил всё, что хотел. Я не очень люблю Лондон, его шум и транспорт.

Сделав покупки, я решил ехать на вокзал на такси, потому что хотел успеть на шестичасовой поезд. Но, к сожалению, мы попали в пробку, и, приехав на вокзал, я увидел, что поезд только что ушёл. Нужно было ждать ещё час до следующего поезда. Купив вечернюю газету, я отправился в станционный буфет, который в это время дня обычно бывает почти пустым. И в тот раз там было много свободных столиков.

Я купил чашку кофе и пачку шоколадного печенья, которое очень люблю. Сидя за одним из столиков, я начал разгадывать кроссворд. Мне нравится разгадывать кроссворды, это приятное и интересное занятие.

Через несколько минут какой-то человек сел напротив меня. В нём не было ничего особенного, кроме того, что он был очень высокий. Он выглядел так, как обычно выглядят бизнесмены... вы знаете, тёмный костюм и портфель. Ничего не говоря, я продолжал разгадывать свой кроссворд.

Вдруг он протянул руку через стол, открыл мою пачку печенья и взял одно. Окунув печенье в свой кофе, он положил его в рот. Я не мог поверить своим глазам и был так удивлён, что ничего не мог сказать. Я не люблю скандалов, поэтому решил игнорировать его. Если можно, лучше избежать неприятностей. Я только взял одно печенье и вернулся к своему кроссворду.

Когда человек взял второе печенье, я не поднял глаза и не произнёс ни звука, а притворился, что очень занят кроссвордом. Через несколько минут, беря последнее печенье, я взглянул на человека. Он смотрел на меня со злобой. Я нервно положил печенье в рот и решил уйти, но человек вдруг резко встал и быстро вышел. Я решил подождать две-три минуты, прежде чем тоже выйти из буфета. Допив кофе и сложив газету, я встал. И в этот момент на столе, там, где лежала моя газета, я увидел... свою пачку печенья.

I. Ответьте на вопросы.

1. Зачем автор приехал в Лондон?
2. Нравится ли ему этот город?

3. Почему молодой человек пошёл в станционный буфет, а не уехал домой?
4. Что он делал в буфете?
5. Кто подсел к его столику?
6. Почему молодой человек так удивился, что ничего не мог сказать?
7. Почему человек, сидевший за одним столом с автором, посмотрел на него со злобой?
8. Что увидел молодой человек на столе, когда встал и хотел уходить?
9. Почему молодой человек решил подождать две-три минуты, прежде чем выйти из буфета?
10. Что произошло в буфете на самом деле?

II. Как вы понимаете фразы из текста.

«Но, к сожалению, мы попали в пробку, и, когда я приехал на вокзал, я увидел, что поезд только что ушёл».

«Я не мог поверить своим глазам и был так удивлён, что ничего не мог сказать».

«Я не люблю скандалов, поэтому я решил игнорировать его».

«Я притворился, что очень занят кроссвордом».

III. Вам нравится разгадывать кроссворды? Если да — почему?

IV. Расскажите текст от имени человека, сидевшего за одним столом с автором.

V. Почему текст называется «Забавная история»?

20 ЧЕЛОВЕК, КОТОРЫЙ ВЫПОЛНЯЛ ПРАВИЛА

ЭТА ШУТЛИВАЯ история рассказывает об англичанине, который всегда выполнял все правила. Его звали мистер Том. Он служил на железной дороге. Станция, на которой он служил, была очень маленькая. Здесь останавливалось не больше двух поездов в день, и мистер Том был и станционным мастером, и носильщиком, и сигнальщиком одновременно. Если сказать правду, вся работа, которая была на станции, выполнялась мистером Томом. И не было в Англии человека счастливее его.

Станция была его гордостью. Зал ожидания был убран каждый день, стулья были вымыты, билеты были проданы, деньги были посчитаны и сданы. Иногда это было только четыре билета в день, но всё на станции было сделано правильно и вовремя. Эта станция была известна в Англии тем, что на ней работал самый строгий и пунктуальный человек. Он хорошо знал, что разрешено делать пассажирам, а что запрещено, где разрешено курить, а где запрещено. И если кто-то из пассажиров нарушал правила, мистер Том делал ему замечание.

Мистер Том служил на дороге пятьдесят лет, и пришло время для него уйти на пенсию. Ни у кого не было сомнений в том, что мистер Том всегда выполнял свою работу прекрасно, все пятьдесят лет он всегда был на своём рабочем месте, он не пропустил ни одного дня. Была организована прощальная церемония, и глава компании был приглашён на неё.

Мистера Тома поблагодарили и вручили ему денежный чек. Мистер Том поблагодарил своего шефа, но сказал, что деньги ему не нужны. Он всегда жил очень экономно и собрал достаточно денег, чтобы жить спокойно на старости лет.

«Вместо этого, — сказал он своему шефу, — я хотел бы попросить у вас одну вещь, которая напоминала бы мне о годах, проведённых мной на моей любимой станции». Шеф был удивлён, но сказал, что всё, о чём попросит мистер Том, будет сделано.

Тогда мистер Том сказал: «Не могла бы компания подарить мне старый вагон? Не важно — насколько он будет стар или сломан. Я теперь на пенсии, и у меня достаточно времени, чтобы отремонтировать его. Я хотел бы поставить этот вагон в моём саду, и тогда я каждый день мог бы сидеть в нём и вспоминать о счастливых днях, которые были проведены мной на станции».

Компания согласилась, и через неделю в саду мистера Тома был поставлен старый вагон. Мистер Том каждое утро ходил к нему как будто на работу. Вагон был теперь покрашен и убран, он выглядел прекрасно.

Однажды, год спустя, брат мистера Тома Джордж приехал к нему в гости. Он прошёл по дорожке к дому и позвонил в дверь. Погода была не очень хорошая, начинался дождь. Мистер Джордж подождал немного, потом заметил, что дверь дома не закрыта. Он вошёл в дом, но не нашёл мистера Тома в доме. Тогда мистер Джордж догадался, что брат находится где-то около своего любимого вагона. Так и оказалось. Когда мистер Джордж прошёл в конец сада, он увидел своего брата, который сидел,... нет, не в вагоне, а на ступеньке вагона и курил свою трубку. Шёл уже сильный холодный дождь, голова и одежда мистера Тома были мокрыми.

Мистер Джордж удивился. «Дорогой Том! Почему ты сидишь здесь, почему ты не войдёшь в вагон и не спрячешься там от дождя?»

«Разве ты не видишь, — ответил мистер Том, — посмотри на табличку, которая висит на двери моего вагона? Вагон, который был подарен мне, — это вагон для некурящих!»

I. Ответьте на вопросы.

1. Где служил мистер Том?
2. Чем была известна в Англии эта станция?
3. Какую работу делал на станции мистер Том?
4. Почему, когда для него пришло время уходить на пенсию, была организована прощальная церемония?
5. Что попросил мистер Том у своего шефа?
6. Для чего он попросил вагон?
7. Какую картину увидел мистер Джордж, когда пришёл в гости к брату?
8. Почему мистер Том курил на ступеньке вагона, а не в вагоне, хотя на улице шёл дождь?

II. Объясните по-русски слова и словосочетания:

носильщик, сигнальщик, зал ожидания, пунктуальный человек, прощальная церемония, вагон для некурящих.

III. Объясните другими словами выражение «пришло время уйти на пенсию». Что это значит в жизни человека, проработавшего всю жизнь?

IV. Мы много раз в жизни проезжаем мимо маленьких и больших железнодорожных станций. Что мы ощущаем, когда видим их? Можем ли мы описать их и рассказать о жизни и работе людей, связанных с железной дорогой?

V. Отличается ли полёт на самолёте от путешествия по железной дороге? Если да — то чем?

21 ЛЕОНАРД ЭЙЛЕР

ИМЯ ЗАМЕЧАТЕЛЬНОГО учёного-математика Леонарда Эйлера известно во всём мире. Школьники и студенты всех стран до сих пор изучают геометрию и алгебру по учебникам, созданным на основе работ Эйлера.

Эйлер родился и получил образование в Германии. Когда русский царь Пётр Первый основал в Петербурге Академию наук, он пригласил со всего мира первоклассных учёных. Эйлер тоже получил приглашение. На родине его предупреждали, что Россия — огромная непонятная страна, где очень холодно. Но Эйлер решил ехать в Петербург.

Россия стала второй родиной для Эйлера. Здесь он мог спокойно работать и приносить пользу науке. За четырнадцать лет жизни в Петербурге Эйлер написал восемьдесят крупных работ. В 1736 году он издал большую работу «Механика», которая сделала его имя известным во всём мире.

В 1740 году в Германии была создана Академия наук, и Эйлер вернулся домой. С 1741 по 1766 год он жил в Берлине. Но он не забыл свою вторую родину — Россию.

Многие свои работы он печатал в Петербурге, покупал для Петербургской академии книги и инструменты. В его доме подолгу жили молодые русские учёные. Находясь в Германии, Эйлер постоянно заботился о развитии науки в России и о престиже русских учёных.

В 1766 году Эйлер снова приехал в Петербург по приглашению Академии наук и остался здесь навсегда. Несмотря на болезнь (Эйлер потерял зрение), он продолжал много работать. В эти годы он написал много важных работ, в том числе работу «Элементы алгебры», которая была сразу переведена на многие языки мира.

Эйлер умер в 1783 году в Петербурге. Здесь выросли пятеро его детей и тридцать восемь внуков. Потомки великого учёного до сих пор живут в России. А на стене одного из петербургских домов висит мраморная доска с портретом учёного и словами: «Здесь жил с 1766 по 1783 год Леонард Эйлер, член Петербургской Академии наук, крупнейший математик, механик и физик».

I. Ответьте на вопросы.

1. Почему имя Леонарда Эйлера известно в мире?
2. Как Эйлер оказался в России?
3. О чём его предупреждали друзья?
4. Какая работа сделала имя Эйлера известным во всём мире?
5. Когда Эйлер вернулся в Германию?
6. Как Леонард Эйлер приехал в Россию во второй раз?
7. Почему Эйлер заботился о развитии науки в России?

II. Понятны ли вам выражения: потерял зрение, мраморная доска, вторая родина?

III. Нравятся ли вам точные науки: математика, физика и т. д.?

IV. Есть ли (было ли) у вас представление, что Россия — далёкая и непонятная страна, где очень холодно?

22 ║ НОВЫЙ РОБИНЗОН

ЭТО СЛУЧИЛОСЬ недавно. Литовский спортсмен Паулус Нормантас решил провести свой отпуск на берегу Аральского моря. Он часто слышал рассказы рыбаков о том, что там очень интересная природа, красивые острова и очень много рыбы. Паулус подготовил всё необходимое, взял лодку, подводное ружьё, фотоаппарат, запас продуктов и отправился в это трудное путешествие.

Это было весной — в конце марта, погода стояла холодная. Сначала всё было хорошо. Паулус плыл в лодке, с интересом рассматривал берега Аральского моря, которое в это время года очень пустынно. Когда он устал, он решил подплыть к острову и немного отдохнуть. Выйдя из лодки, он вытащил её на берег, взял рюкзак и пошёл осматривать остров. Вокруг были заросли камыша, из-под ног вылетали стаи крупных красивых птиц. Людей на острове не было. Осмотрев местность, Паулус вернулся на берег. Но... лодки на берегу не было. Далеко в море он увидел белый парус. Паулус понял: вода подняла лодку и унесла её в открытое море. Паулус остался на острове один.

Сначала он очень испугался. Он не знал, когда здесь могут появиться люди и сколько времени он должен будет жить на острове один. Он осмотрел свои вещи: ружьё, нож, линза, немного хлеба, сахара, чая, муки, спички, любимая книга. Что делать? Он должен был надеяться только на свои силы.

Паулус разжёг костёр, приготовил чай. Вода здесь была немного солоноватая, но её можно было пить. В эту ночь он не спал из-за холода. Но на следующую ночь он сделал из глины маленький домик, где можно было только сидеть и лежать.

Так началась его жизнь на острове. Ни на следующий день, ни через неделю люди на острове не появились. Продукты кончились. Несколько дней Паулус голодал. В море было много рыбы, у Паулуса было подводное ружьё, но температура воды была около плюс восьми градусов. Сколько минут может человек проплыть в такой холодной воде, не рискуя заболеть? А болеть нельзя, болезнь — это смерть. Паулус решил начать подготовку: каждое утро он делал упражнения, бегал вокруг острова, а потом плавал в воде, сколько хватало сил, постепенно увеличивая время.

На восьмой день он начал подводную охоту. Через три дня он смог наконец поймать большую рыбу. Ел её осторожно, медленно, чувствуя, как возвращаются силы. С этого дня жизнь стала легче. Море теплело, солнце светило всё ярче и ярче. Скоро на острове появилась трава, а с ней и враги — змеи и скорпионы.

Шёл день за днём, неделя за неделей. У Паулуса уже были свои маленькие радости: прилетели новые птицы, пришли черепахи. Были и неприятности: на острове начался пожар. Паулус должен был покинуть остров. В уже потеплевшей воде, сделав небольшой плот, он переплыл на соседний островок. Теперь каждый день он ловил много рыбы, он её варил, запекал, сушил. Днём он был занят с утра до вечера. Вечером он читал свою единственную книгу «Морской орёл» Олдриджа.

Кончился месяц его пребывания на острове. Самые трудные дни были позади. С каждым днём теплел воздух, но всё труднее становилось одиночество. Начал разговаривать сам с собой, с птицами, с рыбами.

И вот Паулус начал готовиться к большому заплыву. Девятого мая он отправился в путь. Плыл медленно, от острова к острову, останавливался на день-два. Наконец доплыл до берега. До ближайшего посёлка — сто тридцать километров. Пошёл пешком, без пищи и воды. К счастью, на второй день встретил людей, которые довезли его до посёлка. Так закончилось это необычное путешествие, которое продолжалось пятьдесят пять дней. За это время Паулус похудел на пятнадцать килограммов, загорел, устал от холода, голода, одиночества. Но все эти приключения он вспоминает сейчас с улыбкой. Он не проиграл, не сдался, а значит — он настоящий человек.

I. Ответьте на вопросы.

1. Почему Паулус Нормантис решил провести отпуск на берегу Аральского моря?
2. Что случилось, пока Паулус осматривал остров?
3. Почему он испугался, когда остался на острове один?
4. Какие вещи остались с Нормантисом на острове?
5. Почему, когда у Паулуса кончились продукты, он не ловил рыбу?
6. Для чего он делал упражнения, бегал, плавал?
7. Как менялась жизнь на острове с приближением весны?
8. Что сделал Паулус, когда на острове начался пожар?
9. Чем был занят Нормантис днём и что он делал вечером?
10. Как Паулус добрался до берега?

II. Восстановите ситуации, в которых употреблялись слова и словосочетания:

запас продуктов, осматривать остров, надеяться на собственные силы, домик из глины, голодать, делать упражнения, подводная охота, день за днём.

III. Как вы понимаете фразы из текста.

«А болеть нельзя, болезнь — это смерть».

«Он не проиграл, не сдался, а значит — он настоящий человек».

IV. Расскажите, как закончилось необычное путешествие Паулуса Нормантиса.

V. О каких чертах характера героя вы можете рассказать?

VI. Как вы считаете, о чём думал автор, когда давал своему рассказу название «Новый Робинзон»?

23 ТАИНСТВЕННОЕ ОЗЕРО

ОДНАЖДЫ я на всё лето приехал с группой геологов в горы Алтая. Мы жили в деревне на берегу реки. Местные жители рассказали мне, что в соседней деревне живёт художник Чоросов. Я слышал о нём раньше и решил познакомиться с ним и посмотреть его картины.

Чоросов был дома. Пока он заканчивал работу, я рассматривал его картины. Одна из них особенно заинтересовала меня. На ней я увидел странное озеро. Оно было спокойное, тёмное, а вокруг него стояли скалы странного красного цвета. Травы и деревьев рядом не было. Над озером стоял бледно-зелёный туман.

— Где вы видели такое странное озеро? Оно существует или это фантазия художника?

— Озеро существует, но найти его трудно. Об этом озере рассказывают интересные легенды. Говорят, что многие даже умерли после того, как увидели близко это озеро.

— Почему? — не понял я.

— Я не знаю почему, — продолжал художник, — но я сам после того, как побывал около этого озера, несколько лет болел и стал хуже видеть. А я был там только два дня.

Перед тем как проститься, художник сказал мне:

— Я вижу, что вам очень понравилась эта картина. Я не могу подарить её вам сейчас. Но я обещаю, что после моей смерти она будет принадлежать вам. Дайте мне ваш адрес.

Всю дорогу, пока я шёл домой, я думал о таинственном озере и о рассказе художника. Что это? Легенда или правда?

Прошло много лет. С тех пор как я уехал с Алтая, я никогда больше не встречался с художником Чоросовым. За эти годы наша геологическая группа сделала большую работу.

Однажды я сидел около микроскопа и рассматривал руду, из которой получают ртуть. Последнее время я занимался изучением месторождений ртути. В это время мне принесли посылку. В посылке была картина, на которой было нарисовано таинственное озеро. Я понял, что художник Чоросов умер и перед смертью выполнил своё обещание. Потом я узнал, что за несколько дней до смерти он попросил, чтобы картину отправили мне.

Я взял картину и начал рассматривать её. И вдруг я заметил, что красный цвет скал вокруг озера похож на цвет руды, из которой получают ртуть. Я ещё раз внимательно посмотрел на руду и на картину и понял тайну озера.

Это озеро — огромное месторождение ртути. Ртуть испаряется, и в её парах есть яд. Теперь я понял, почему художник так долго болел после того, как он посетил это озеро.

Через несколько недель после получения картины я со своим другом отправился искать это озеро. Я решил, что я не вернусь обратно, пока не найду его. Чоросов был прав: найти его было нелегко. Дорога была трудной.

По мере того, как мы подходили к озеру, растений становилось всё меньше и меньше. Наконец мы пришли на берег озера. Здесь всё было так, как на картине у художника. Прежде чем идти обратно, мы взяли немного ртути и руды, сфотографировали озеро. У нас сильно заболели головы. Если бы мы остались около озера дольше, мы никогда бы не вернулись домой.

Вот и весь рассказ. Теперь это озеро даёт много ртути. А я навсегда запомнил художника Чоросова, который помог сделать это важное открытие.

I. Ответьте на вопросы.

1. Где жил художник Чоросов?
2. Чем заинтересовала автора одна из картин?
3. Что рассказал об озере художник?
4. Что вы можете рассказать о профессии автора?

5. Какую посылку получил автор через несколько лет?

6. Почему художник Чоросов долго болел после того, как он посетил озеро?

7. Как автор понял тайну озера?

8. Что решил сделать автор после получения картины?

9. Почему автор говорит, что они с другом могли бы никогда не вернуться домой, если бы остались около озера надолго?

II. *Закончите фразы из текста.*

«Я слышал о нём (художнике) раньше и решил... ».

«Пока он заканчивал работу, я... ».

«После того, как я побывал около этого озера... ».

«В посылке была картина, ... ».

«Я решил, что не вернусь обратно, ... ».

«По мере того, как мы подходили к озеру, ... ».

III. *Что вы знаете о художнике Чоросове?*

IV. *Расскажите о профессии геолога. Что вы думаете о ней?*

V. *Встречались ли вам в жизни какие-то странные или трудно объяснимые явления? Если да — не могли бы вы рассказать о них?*

24 ЗНАЕТЕ ЛИ ВЫ?

ПУТЕШЕСТВИЕ на Луну при существующих средствах транспорта заняло бы время: автомобилем (100 км в час) — 160 дней, самолётом (800 км в час) — 20 дней, спутником (28 000 км в час) — 13 часов 43 минуты.

ЗЕМЛЕТРЯСЕНИЕ — одно из самых страшных явлений природы, которое приносит человеку большие несчастья. Катастрофические землетрясения встречаются в среднем 1 раз в год; сильные землетрясения — около 10; разрушительные толчки — около 100; землетрясения, повреждающие каменные здания, — около 1000; не вызывающие повреждения зданий — около 10 000; а слабые, фиксируемые только специальными приборами, — около 100 000 в год.

НА ТЕРРИТОРИИ Сибири могут расположиться 20 стран, равных Франции, и 800 — равных Голландии.

САМОЕ ветреное место на Земле — Земля Виктории — находится в Антарктиде. Скорость ветра здесь достигает 215 км в час.

БОСФОР — самый узкий пролив между континентами. Он отделяет европейскую часть континента от азиатской. Его длина — 30 км, ширина — от 760 до 3700 м.

В НИКОГДА не замерзающем Чёрном море ни одна рыба, ни одно живое существо не может опуститься глубже 200 метров. Взятая оттуда вода пахнет сероводородом. Это объясняется тем, что лёгкие верхние воды Чёрного моря уходят через проливы Босфор и Дарданеллы в Средиземное море, где уровень воды на десять сантиметров ниже уровня Чёрного моря и Атлантического океана. Обратно идут более тёплые и солёные, а потому более тяжёлые воды Средиземного моря. Тяжёлые средиземноморские воды не перемешиваются с верхними водами Чёрного моря и не получают сверху кислород. Без кислорода на глубине больше 200 метров образуется газ сероводород. А там, где есть сероводород, жизнь невозможна.

МОРЯКИ Христофора Колумба, приплыв на американский берег, с удивлением увидели незнакомое высокое растение с крупными жёлтыми зёрнами. Они взяли эти зёрна с собой на родину. Это была кукуруза, которую в Европе до того не знали. Растение быстро распространилось в Испании, Италии, Турции, а в XVII веке появилось и в России.

КАРТОФЕЛЬ попал в Европу из Южной Америки. Испанские моряки привезли несколько десятков картофелин. Ни одно растение не распространилось так быстро, как картофель. Через несколько лет его уже выращивали в Испании, Франции, Германии, Голландии. Русский царь Пётр Первый привёз картофель в Россию. Сейчас это один из самых любимых русских продуктов.

АПЕЛЬСИН был получен впервые в Китае больше 4000 лет назад. В Европе он появился в XV веке после открытия морского пути в Индию. Мандарин был привезён в Европу из Китая и Японии в XIX веке.

САМОЕ одинокое в мире дерево находится в пустыне Сахара, в оазисе Терер. В окружающей его пустыне в радиусе 1000 английских миль нет ни одного другого дерева.

В КАЛИФОРНИИ (США) растут деревья — секвойи. Их высота — до 150 метров, диаметр ствола — до 11 метров, возраст — до 4000 лет.

Ответьте на вопросы.

1. Сколько времени заняло бы в настоящее время путешествие на Луну: автомобилем, самолётом, спутником?
2. Что вы можете сказать о силе и частоте землетрясений?
3. Что больше — территория Сибири или территория Франции?
4. Где самое ветреное место на Земле?
5. Как называется самый узкий пролив между континентами?
6. Почему в Чёрном море животные и рыбы не могут опуститься ниже 200 метров?
7. Какое растение, знакомое всем сейчас, обнаружили и привезли из Америки в Европу моряки Христофора Колумба?
8. Как картофель попал в Европу и Россию?
9. Где был впервые получен апельсин?
10. Где находится самое одинокое дерево в мире?
11. Секвойя — что это такое?
12. О каких интересных фактах или явлениях в своей стране или в мире вы могли бы рассказать?

25 О ЧЁМ ДУМАЕТ МАРАБУ?

БЫЛА ОСЕНЬ. В Лондоне шли дожди. Было холодно. Мальчик, которого звали Тимофей, сидел около окна и смотрел на улицу. Ему было скучно.

— Мама, какое сегодня число? — спросил он.

— Сегодня пятнадцатое октября, — ответила мама.

Тимофей вспомнил, что дядя Коля обещал пойти с ним в зоопарк пятнадцатого октября. Дядя Коля сказал, что он будет свободен в этот день.

— Тимофей, что ты смотришь в окно? — спросила мама.

— Я жду дядю Колю.

— Сегодня плохая погода, и дядя Коля не придёт.

— Нет, он обещал прийти, он сказал, что пойдёт со мной в зоопарк.

Дядя Коля очень нравился Тимофею, он был сильный и весёлый. Он был другом папы и мамы.

Тимофей родился в Москве. Но он не помнит Москву, потому что он был очень маленький, ему было только десять месяцев, когда папа поехал на работу сначала в Будапешт, а потом в Лондон.

Тимофей и мама решили пообедать. В это время пришёл дядя Коля.

— Здравствуйте! Ну, Тимофей, сейчас мы пойдём с тобой в зоопарк, — весело сказал он.

— Какой зоопарк! На улице дождь! — сказала мама.

Но дядя Коля ответил:

— Дождя сегодня больше не будет. Мне сказала об этом одна птица.

Мама улыбнулась, и Тимофей с дядей Колей поехали в зоопарк. В метро Тимофей спрашивал дядю Колю о Москве.

— Дядя Коля! Расскажи — какая Москва!

— А ты не помнишь?

— Нет, совсем не помню.

— Москва большая и красивая. Трудно рассказать, какая Москва. Когда приедешь в Москву летом, сам увидишь.

Зоопарк в Лондоне очень хороший, большой. Они долго ходили по нему. Тимофей устал, и они решили отдохнуть. Они сидели, ели мороженое и смотрели на птиц фламинго, которые танцевали на реке. Фламинго очень красивые птицы. Потом Тимофей с дядей Колей решили пойти домой. И вдруг на маленьком зелёном поле они увидели удивительную птицу. Это была большая белая птица. Она стояла на одной ноге, а другую она спрятала. Птица была очень грустная. Она ничего не видела вокруг. Она не видела других красивых птиц, которые гуляли рядом, не видела Тимофея и дядю Колю, не видела солнца, травы, деревьев. Она стояла и думала. Дядя Коля сказал, что эта птица называется марабу и что она родилась в Африке.

— О чём думает эта птица, дядя Коля?

— Наверное, о своей Африке. Её привезли сюда, когда она была совсем маленькая. Может быть, она скучает о своей родине.

— А почему она стоит на одной ноге?

— Наверное, ей так лучше думать о своей Африке, — ответил дядя Коля.

Тимофей больше ничего не спрашивал, только сказал:

— Дядя Коля, я устал и хочу домой.

Они приехали домой. На следующий день, вечером, дядя Коля опять пришёл к ним в гости.

Мама Тимофея, Вера Ивановна, спросила его:

— Что ты рассказал Тимофею о птице марабу?

— А что случилось?

— Ничего особенного. Но после обеда Тимофей пошёл в свою комнату и долго стоял там на одной ноге. Я спросила: «Тимофей! Что ты делаешь?» А он ответил: «Не мешай мне, я думаю, как птица марабу». — «О чём?» Но он ничего не сказал мне.

Дядя Коля улыбнулся и сказал:

— Я знаю, о чём он думал.

I. Ответьте на вопросы.

1. Почему Тимофею было грустно?
2. Мальчик ждал дядю Колю. Почему?
3. Почему Тимофей не знает Москву, хотя родился в этом городе?
4. Куда дядя Коля решил повести Тимофея?
5. О чём мальчик расспрашивал дядю Колю?
6. Что необычного они увидели в зоопарке?
7. Что сказал дядя Коля о птице?
8. Почему мама Тимофея не могла понять, что делал её сын после обеда, а дядя Коля сразу всё понял?

II. Расскажите, почему Тимофею было грустно.

III. Перескажите содержание текста от имени Тимофея.

IV. Как вы думаете, это выдуманная история или такое может быть на самом деле?

V. Вам бывает грустно, когда вы находитесь длительное время вдали от родины или от родных мест? Если да, то объясните ваши чувства в тот момент.

26 ЭТО ИНТЕРЕСНО

САМЫЙ громкий голос — у крокодила. Второе место занимает бегемот и только третье — лев.

ЗАЯЦ — распространённое в мире животное. Считается, что заяц очень труслив. Так и говорят: «Труслив как заяц». Но в трудные минуты своей жизни заяц может быть и мужественным. В детстве, ещё не зная опасностей мира, заяц не труслив. Взрослый заяц спасается от врагов только бегством. Заяц, появившийся на свет, уже умеет быстро бегать. Говорят: «Зайца спасают ноги». В России живёт четыре вида зайцев. Некоторые из них изменяют цвет своей шкурки в зависимости от цвета окружающей природы: зимой они белые, летом — серые. Интересно, что на острове Суматра живут полосатые зайцы.

ЛИСА имеет прекрасное зрение и чутьё. Лиса — очень хитрое животное. Говорят: «Хитрая как лиса». Лиса при ходьбе изменяет свой след, чтобы охотник не нашёл её. След лисы похож то на след собаки, то на след зайца.

ТИГР — могучий зверь, украшение природы. Тигр — хищник, его боится человек. Тигр имеет очень красивую шкуру, из-за этого тигров становится в мире всё меньше и меньше. В природе тигры, охотясь на животных, убивают прежде всего слабых, больных, старых животных. Это полезно для природы. Бывают ли тигры-людоеды? Они встречаются в южно-азиатских странах, но редко. Если тигр сыт, он не нападает на человека. В России тигры есть только на Дальнем Востоке. Вес тигра — до 160 кг, в день тигр съедает 8—10 кг мяса. Тигры живут 20—25 лет.

КЕНГУРУ — на языке австралийского коренного населения значит «я вас не понимаю». Когда европейцы первый раз спросили жителей Австралии об этих удивительных животных, они ответили «Кен-гу-ру» — «не понимаю». Как известно, кенгуру — хороший прыгун. Длина его прыжка — до 3—4 метров. Он может быстро бегать — со скоростью 50 км в час.

У ЖИРАФА не только длинная шея, но и очень длинный язык. Он достигает шестидесяти сантиметров.

ОЧЕНЬ интересными животными являются дельфины. У них уникальные способности к обучению, удивительные отношения между собой. Известны случаи спасения тонущих людей дельфинами. Некоторые учёные утверждают, что у дельфинов есть свой «язык». Дельфины не агрессивны, охотно идут на различные эксперименты. Они имеют высокий уровень развития нервной системы. Их головной мозг похож на головной мозг человека. Много тайн и открытий ждёт человека при изучении этих удивительных животных.

ДАТЬ ответ на вопрос: «Кто сильнее — тигр или лев?» — невозможно. В саванне, где живёт лев, нет тигров; а в джунглях, где живёт тигр, нет львов. Тигров нет в Африке, Австралии, Америке и Европе. Тигр живёт только в Азии.

ИНТЕРЕСНО, что у разных пород рыб разные характеры. Есть рыбы, которые всю жизнь живут стаями. Есть такие, которые собираются вместе только в определённые периоды жизни. А есть рыбы «индивидуалисты», они живут в одиночку.

АКУЛА — самая большая рыба, её длина до двадцати метров. Акула всегда голодна и глотает что попало. В желудке акулы находили: почтовые посылки, консервы, кофе, золотые монеты и драгоценности, очки, кастрюли, часы, одежду, шляпы, пишущую машинку, пистолеты, гранаты и даже ключ к японскому шифру, который помог американцам во время Второй мировой войны на Тихом океане.

Ответьте на вопросы.

1. У кого самый громкий голос?
2. Что вы знаете о зайцах? Только «труслив как заяц»?
3. «Хитрая как лиса» — правда ли это?
4. Что вы знаете о тиграх? Где они живут?
5. Кенгуру: можете рассказать о нём?
6. У жирафа длинная только шея? А язык?
7. Дельфины — знаем ли мы их тайну?
8. Кто сильнее — тигр или лев?
9. Рыбы — «коллективисты» или «индивидуалисты»?

10. Что можно найти в желудке акулы?
11. Вы слышали об этом раньше: где, когда? Какая информация для вас новая?

27 || УРАГАНЫ

НЕСКОЛЬКО раз в год «выходят на прогулку» по земному шару ураганы. У каждого из них своё нежное женское имя. Откуда появилась такая традиция? Метеорологи США, которые наблюдали за ними, долгое время не могли найти точную систему для передачи информации о них. Сначала они называли географические координаты урагана. Но в 1960 году появилась новая система: взяли четыре набора женских имён для названий ураганов. В 1971 году их заменили алфавитными списками по английскому алфавиту. В каждом году первый ураган получал имя, которое начинается с первой буквы английского алфавита и так далее. При этом ни одно имя не повторяется за десять лет, поэтому ураганы нельзя перепутать.

Такие же списки используются и для тайфунов Тихого океана. Начиная с 1981 года ураганам начали давать и мужские имена. Ураган — это всегда страшное стихийное бедствие. Трудно спастись от урагана кораблю в море, даже при современном уровне техники. Учёные давно хотят найти средства борьбы с ураганами. Но природа не любит, когда вмешиваются в её дела, и пока сделать это ещё трудно.

I. Ответьте на вопросы.
1. Как называют ураганы?
2. Почему трудно спастись от урагана?
3. Какие ещё вопросы, связанные с ураганами, хотят решить учёные?
4. Что вы знаете о тайфунах?

II. Восстановите ситуации, в которых употребляются словосочетания:
передача информации, географические координаты, давать имя, алфавитный список, уровень техники.

III. В России ураганы довольно редки. Приходилось ли вам быть свидетелем таких явлений?

28 СОФЬЯ КОВАЛЕВСКАЯ

СОФЬЯ Ковалевская родилась в Москве, в богатой семье. Ещё в детстве она начала писать стихи и хотела стать поэтом, но скоро все поняли, что у Софьи необыкновенные математические способности. После окончания гимназии Ковалевская хотела продолжать заниматься математикой, но в то время женщин в университет не принимали. Она уехала в Германию.

Однажды вечером в дом немецкого профессора математики Вайерштрасса постучала молодая женщина и попросила учёного давать ей уроки математики. Это была Софья Ковалевская. Профессор не хотел заниматься математикой с этой незнакомой женщиной, поэтому он дал ей несколько очень трудных задач. Он подумал, что она не сможет решить их и не придёт больше. Но через неделю женщина снова пришла и принесла задачи, которые она решила очень оригинально. Профессор был очень удивлён. Ему понравилась эта умная, скромная русская женщина, он понял, что она может стать прекрасным математиком. Софья Ковалевская стала его любимой ученицей. Четыре года он давал ей уроки и помогал своими советами.

В 1874 году Софья Ковалевская получила степень доктора философии. «В течение всей моей жизни, — писала Ковалевская, — математика привлекала меня своей философской стороной и всегда казалась мне наукой, которая открывает новые горизонты».

Софья Ковалевская вернулась в Россию. Она хотела работать в Петербургском университете, но путь в науку был для женщин в России закрыт. Она опять уехала в Европу, но и там женщине-математику было трудно найти преподавательскую или научную работу. Несколько лет она не работала, но продолжала писать книги, статьи.

Наконец в 1883 году Софья Ковалевская получила приглашение из Швеции читать лекции в университете в Стокгольме. В Швеции Софью Ковалевскую приняли прекрасно. Она быстро выучила шведский язык и скоро начала читать лекции по-шведски. Через несколько лет Ковалевская стала профессором Стокгольмского университета, она получила премии Парижской и Шведской академий наук. Софья Ковалевская писала свои работы на немецком и французском языках, которые она прекрасно знала. Её имя было известно специалистам во всех странах Европы. В 1889 году Русская академия наук также избрала её своим членом.

Софья Ковалевская была не только талантливым математиком, но и интересным писателем. Она писала стихи, драмы, повести, воспоминания. Иногда она спала только четыре-пять часов в сутки. Софья Ковалевская умерла рано, когда ей был только сорок один год. В Стокгольме есть памятник Софье Ковалевской. Деньги на этот памятник собрали русские женщины.

I. Ответьте на вопросы.

1. Какие особенные способности заметили у Софьи ещё в детстве?
2. Почему Софья Ковалевская уехала в Германию?
3. Почему профессор дал Ковалевской трудные задачи?
4. Профессор был очень удивлён, когда через неделю она принесла задачи. Почему?
5. Чем математика привлекала Софью Ковалевскую?
6. Где хотела работать Ковалевская?
7. Почему имя Софьи Ковалевской было известно специалистам во всех странах Европы?
8. Чем ещё занималась Ковалевская, кроме математики?

II. Объясните фразы из текста.

«Но через неделю женщина снова пришла и принесла задачи, которые она решила очень оригинально».

«Она хотела работать в Петербургском университете, но путь в науку для женщин в России был закрыт».

III. Расскажите о работе Софьи Ковалевской в Швеции.

IV. Вам было знакомо имя Софьи Ковалевской раньше?

V. Расскажите о какой-нибудь известной женщине-учёном.

29 ОТЕЦ И СЫН

САМОЛЁТ, летевший из Каира, приземлился на пустынном берегу Красного моря. Вокруг были только пустыня и море — больше ничего. Из самолёта вышел Бен со своим сыном Дэви. Бен жил в Каире, он был опытным лётчиком, но не имел работы и должен был как-то зарабатывать на жизнь. Он стал снимать фильмы о рыбах. Чтобы получить большие деньги, Бен решил снять фильм об акулах. Для этого он и прилетел сюда.

Он часто брал в полёт своего сына и немного научил его управлять самолётом, хотя Дэви было всего десять лет. И в этот раз он взял его с собой.

Бен, собираясь спуститься под воду, приготовил кинокамеру, надел маску и акваланг. Когда Дэви, помогавший отцу, понял, что сейчас останется один на этом пустынном берегу, он спросил: «Скажи, отец, сюда приходят люди?»

— Нет, мы здесь одни, — ответил отец. — Сюда можно прилететь только на самолёте.

Увидев, что сын боится, Бен успокоил его:

— Не бойся, я вернусь минут через двадцать.

Бен, державший в одной руке кинокамеру, а в другой кусок мяса, стал спускаться под воду. Мясо было нужно Бену, чтобы привлечь внимание акул, которых здесь было огромное количество.

Он знал, что плавать среди этих страшных рыб было очень опасно. Но он плыл и думал, что сможет заработать много денег. Бену не пришлось ждать долго. Скоро собралось много акул, и Бен увлёкся съёмками.

Он не заметил, что одна из акул подплыла к нему. Он увидел её только в тот момент, когда она плыла прямо на него. Но было уже поздно. Защищаясь кинокамерой, Бен начал подниматься на поверхность. Но акула не хотела оставлять свою жертву и быстро плыла за ним.

Вдруг он почувствовал резкую боль в руке и ноге. Собрав все свои силы, он выплыл на берег. Увидев отца в крови, Дэви бросился к нему. Бен был без сознания. Мальчик понял, что случилось там, под водой, и с ужасом смотрел на отца, не зная, как ему помочь.

Когда Бен пришёл в себя, он увидел испуганное лицо сына. Бен понимал, что он не сможет вести самолёт, а здесь их никто не найдёт. Значит, их спасение зависит от сына, десятилетнего мальчика.

— Дэви, — с трудом заговорил Бен, — ты должен помочь мне сесть в самолёт.

Дэви было очень трудно выполнить просьбу отца, но он так хотел помочь ему. От боли и слабости Бен часто терял сознание. Наконец отец и сын были в самолёте. Бен открыл глаза и, стараясь говорить спокойно, чтобы не испугать мальчика, сказал:

— Слушай, Дэви, я не могу управлять самолётом, я тяжело ранен. Это должен сделать ты. Я буду помогать тебе.

И он начал говорить мальчику, что надо делать. Мотор заработал, и самолёт поднялся. Полёт, продолжавшийся несколько часов, показался Дэви бесконечно долгим. Хотя Дэви боялся, он выполнял всё, что ему говорил отец.

Вдали показался Каир. Самое трудное было впереди. Дэви сомневался, сможет ли он посадить самолёт. Он знал, что это трудно даже опытному лётчику. Когда самолёт подлетал к аэродрому, Бен опять потерял сознание. А Дэви нужны были советы отца. И он летал над аэродромом. А люди, видевшие с земли самолёт, который всё летал над ними, не понимали, что случилось.

Наконец Бен открыл глаза. Ему было очень плохо.

— Где мы? — с трудом спросил он.

— Мы прилетели, отец, — сказал Дэви, — но я не знаю, как посадить самолёт.

Отец видел страх в глазах мальчика. Надо было его успокоить.

— Наш самолёт приземлится благополучно, если ты будешь делать всё спокойно. Слушай меня.

Сердце Бена сильно билось. Он понимал, как трудно сейчас его мальчику. Но вот Бен почувствовал, что самолёт бежит по земле, а потом наступила удивительная тишина.

Бен подумал: «Мы спасены!» — и опять потерял сознание.

I. *Ответьте на вопросы.*

1. Где происходит действие этого рассказа?
2. Кто является главными героями этого рассказа?
3. Почему Бен решил снять фильм об акулах?
4. Что случилось с Беном под водой?
5. Какой момент полёта был самым трудным?
6. Легко ли было мальчику вести самолёт?
7. Почему Дэви смог посадить самолёт?
8. Что вы можете сказать о характерах отца и сына?

II. *Согласитесь или опровергните суждения.*

Дэви смог долететь до Каира, потому что отец научил его управлять самолётом и во время полёта помогал ему своими советами.

Бен — несерьёзный человек, который зря подвергал опасности свою жизнь и жизнь своего сына.

Бен правильно воспитывал своего сына, и из мальчика вырастет настоящий мужчина.

III. Восстановите ситуации, в которых употребляются словосочетания:

пустынный берег, опытный лётчик, привлечь внимание, резкая боль, потерять сознание, приземлиться благополучно.

IV. Попытайтесь рассказать, что мог чувствовать Дэви, управляя самолётом вместо отца.

30 СЕРГЕЙ РАХМАНИНОВ

СЕРГЕЙ Васильевич Рахманинов — великий русский композитор. Детские годы Сергея Рахманинова прошли в усадьбе его родителей недалеко от Новгорода, и с тех пор он навсегда полюбил жизнь среди природы, в кругу близких людей. Но эти счастливые годы были недолгими: родители расстались, усадьбу продали.

Когда Рахманинову было девять лет, он поступил в музыкальную школу при Петербургской консерватории. Мальчик относился к урокам лениво и учился плохо, но это мало беспокоило его. Но когда ему исполнилось двенадцать лет, он переехал в Москву и поступил в Московскую консерваторию в класс педагога Николая Зверева. Это был удивительный человек. Он не только учил своих учеников играть на пианино, но и воспитывал их. Все они жили в его доме бесплатно. Зверев любил своих учеников, но он был очень строгим к ним. У него Рахманинов прошёл хорошую школу: он научился серьёзно работать и планировать своё время.

Дипломную работу (оперу «Алеко») Рахманинов написал за три недели, но это было прекрасное произведение. Эта опера до сих пор идёт на сценах лучших театров мира. Опера очень понравилась Чайковскому. У Чайковского и Рахманинова было много общего. Главные темы их творчества — стремление человека к свету, к счастью и тема России, любимой родины, её красоты и очарования.

До 1917 года Рахманинов жил в России. В эти годы он написал свои основные произведения: симфонии, оперы, фортепьянные концерты, романсы. Кроме того, он выступал как дирижёр и как пианист. После революции 1917 года Рахманинов уехал с концертами в Данию и Швецию и в Россию обратно не вернулся. Но и за границей он оставался русским композитором. Все его произведения этих лет полны мыслями о России, памятью о ней. Он очень скучал по родине.

Когда началась Вторая мировая война, Рахманинов уехал из Европы в Америку, а его дети и внуки остались в Европе. Младшую дочь Рахманинов больше никогда не увидел.

Когда фашисты напали на Россию, Рахманинов, который уже двадцать пять лет жил в эмиграции, снова почувствовал себя русским патриотом. Он давал концерты, а деньги от них передавал русскому Красному Кресту. Когда он отсылал эти деньги, он писал: «От одного из русских посильная помощь русскому народу в его борьбе с врагом. Хочу верить, верю в полную победу».

Рахманинов не дожил до победы. Он умер в марте 1943 года. Ему было почти семьдесят лет.

I. Ответьте на вопросы.

1. Где учился Сергей Рахманинов?

2. У кого он научился серьёзно работать и планировать своё время?

3. Как была написана дипломная работа Рахманинова?

4. Где жил и работал Рахманинов после революции 1917 года?

5. О чём писал Сергей Рахманинов за границей?

6. Как Сергей Васильевич Рахманинов помогал русскому народу во время Второй мировой войны?

II. Как вы понимаете фразы из текста:

«У него Рахманинов прошёл хорошую школу: он научился серьёзно работать и планировать своё время».

«У Чайковского и Рахманинова было много общего».

«Но и за границей он оставался русским композитором».

III. Расскажите об учителе Рахманинова Николае Звереве.

IV. Объясните по-русски словосочетания:

Красный Крест, посильная помощь, стремление к счастью.

V. Вам известно имя Сергея Рахманинова? Что ещё вы можете рассказать о нём?

VI. Вам нравится классическая музыка? Знаете ли вы других русских музыкантов и композиторов?

31 ИВАН ТУРГЕНЕВ

ИВАН Сергеевич Тургенев — один из самых любимых русских писателей, книги которого широко известны в России и за рубежом.

Отец Тургенева, офицер, был из старого дворянского рода, мать — из семьи богатых помещиков. Детство Тургенева прошло в имении Спасское-Лутовиново около города Орла. Это имение навсегда осталось для Тургенева символом родины, самым дорогим и любимым местом на земле. Сейчас там музей писателя. Тургенев получил прекрасное домашнее образование, в четырнадцать лет он уже прекрасно говорил на трёх европейских языках и был знаком с лучшими произведениями русской и европейской литературы.

В 1827 году семья переехала в Москву, а в 1833 году Тургенев поступил в университет, где окончил философский факультет. Чтобы продолжить образование, Тургенев уехал в Германию, слушал в Берлинском университете лекции по классической филологии, философии, истории. Ещё в студенческие годы Тургенев начал писать. Скоро литература стала главным делом его жизни.

В 1843 году в жизни Тургенева произошло важное событие. Он познакомился с французской певицей Полиной Виардо, которая приехала в Петербург на гастроли, и полюбил её. Эта любовь изменила всю его жизнь. Полина Виардо была замужем, но расстаться с ней Тургенев не мог всю свою жизнь. В 1847 году он уехал за ней в Европу, во Францию. С этого момента Тургенев всегда жил там, где жила семья Виардо. Он только ненадолго приезжал в Россию, которую, однако, он горячо любил и связь с которой не терял никогда.

Тургенев хорошо знал и понимал Россию, её проблемы, жизнь разных слоёв общества. Он любил русскую природу, деревню, русских людей. Первая книга Тургенева «Записки охотника» принесла ему широкую известность.

Тургенев написал много прекрасных повестей и романов. Повести: «Ася», «Первая любовь», «Вешние воды» и другие. Романы: «Накануне», «Дворянское гнездо», «Отцы и дети» и другие. Читайте их, они очень интересны! Это книги об одиночестве, о любви, о праве человека на счастье, о личной судьбе человека и об исторической судьбе России, о любви человека к жизни, о красоте, о желании счастья и свободы. Тургенев создал особый прекрасный образ русской женщины — «тургеневской женщины» — сильной и слабой одновременно, умной, нежной, верной и любящей.

В 1879 году Тургенев последний раз приехал из Франции, где он жил многие годы и где семья Виардо стала его семьёй, в Россию. В России его ждала горячая встреча. Для европейских писателей Тургенев стал в это время главным представителем русской литературы и русского реализма.

Последние годы жизни тяжелобольной Тургенев провёл во Франции. Его последнее произведение — «Стихотворения в прозе». Это его прощание с жизнью, с родиной, с искусством, это его вера в великое будущее своей страны.

Тургенев умер в 1883 году в возрасте шестидесяти пяти лет.

I. Ответьте на вопросы.

1. Что вы можете сказать о детских годах Тургенева?
2. Какое образование получил Иван Тургенев?
3. Почему большую часть жизни Иван Сергеевич прожил за границей?
4. Какая книга сделала имя Тургенева известным?
5. Какие произведения этого писателя вы можете назвать?
6. О чём писал Тургенев в своих произведениях?
7. Как встретили писателя в России в его последний приезд из Франции?

II. Понятно ли вам выражение — «тургеневская женщина»?

III. Восстановите ситуации, в которых употребляются словосочетания: символ родины, домашнее образование, дело жизни, широкая известность, личная судьба, горячая встреча.

IV. Известно ли вам имя Ивана Тургенева? Читали ли вы какие-нибудь его произведения в переводе?

32 МИХАИЛ ЛОМОНОСОВ

КТО ТАКОЙ Ломоносов, в России знают все. Все знают, что это великий русский учёный, что он очень много сделал для русской и мировой науки, что он основал Московский университет, который носит сейчас его имя. Но, может быть, не все знают, что необыкновенно интересна была судьба этого человека, много таинственного и загадочного было в его жизни.

Согласно официальной версии, Михаил Ломоносов — сын рыбака, родился в рыбацкой деревне далеко на севере России, на берегу Белого моря. Мать его умерла рано. С малых лет вместе с отцом Ломоносов плавал по Белому морю, ловил рыбу. Может быть, он стал бы хорошим рыбаком, как хотел его отец, если бы с детства не захватила его большая страсть — книги. Он рано научился читать и прочитал все книги, которые смог найти в своей деревне. Каждую новую книгу Ломоносов читал по нескольку раз, а многие запоминал наизусть. В девятнадцать лет Ломоносов решил уехать в Москву учиться. Сделать это было непросто, но он, вопреки воле отца, ушёл пешком из своей деревни и с торговым обозом, на котором везли рыбу, добрался до Москвы.

С трудом (так как он был сыном простого крестьянина) Ломоносов поступил в Академию в Москве. Сначала ученики смеялись над этим уже почти взрослым человеком, который пришёл учиться вместе с детьми. Кроме того, он был беден, плохо одет и ему еле хватало денег на хлеб. Но скоро смеяться перестали. Ломоносов учился с такой страстью, добивался таких успехов, что стал первым учеником в классе. Он за день мог понять и усвоить то, на что другим нужен был месяц. Через полгода его перевели во второй класс, а затем сразу и в третий. Он прочитал все книги, которые были в Академии, и знал уже больше многих своих учителей.

Через год его послали учиться в Киевскую академию, но и там он нашёл мало нового для себя. Очень полезной стала для него учёба в Германии, где он вместе с немецкими студентами изучал разные науки: физику, математику, химию, металлургию, горное дело, медицину и иностранные языки. Учение шло легко. Профессора восхищались его необыкновенными способностями.

Ломоносов вернулся в Россию с огромным запасом знаний и начал работать в Петербургской академии наук. Он сделал в науке так много открытий и изобретений, что непонятно, как это мог сделать один человек за не очень долгую жизнь (Ломоносов прожил пятьдесят четыре года).

Конечно, у Ломоносова была золотая голова и редкие способности, но удивительным было и его огромное упорство, и невероятное трудолюбие.

Ломоносов был математиком, физиком, химиком, астрономом, историком, географом, геологом, художником и филологом. Он делал многочисленные физические и химические опыты, рискуя жизнью, изучал природу электричества. Учёный, который вместе с ним проводил опасные опыты во время грозы, был убит молнией, но это не остановило Ломоносова. Он продолжал начатое дело и написал об «электрической силе» замечательную работу. Им были открыты очень важные законы в физике.

Ломоносов изучал природу удивительного явления — северного сияния. Он первым начал серьёзно изучать историю России и написал книгу «Древняя российская история». Много лет он мечтал создать в России университет и добился этого. Этот университет был открыт в Москве в 1755 году и стал центром подготовки русских преподавателей, учёных, специалистов.

Кроме того, Ломоносов был поэтом, он писал стихи и поэмы, он заложил основы русского литературного языка, создал первую научную русскую грамматику.

А ещё он создавал мозаики. Из кусочков цветного стекла, сделанного по его рецепту, он собрал более сорока больших картин.

Ломоносов был человеком увлекающимся, и многие вещи интересовали его. Но главным смыслом его жизни была, конечно, наука.

Великий русский поэт Пушкин так сказал о Ломоносове: «Он создал первый университет. Но лучше сказать, он сам был первым нашим университетом». Универсальность Ломоносова, его необыкновенные способности — загадка для нас. В русской истории не было другого такого человека. Разгадку придумал сам народ. Долгое время в народе ходили слухи, что Ломоносов был внебрачным сыном другого необыкновенного русского человека — русского царя Петра Первого.

В год рождения Ломоносова Пётр Первый находился на севере страны, он строил флот недалеко от той деревни, где жила мать Ломоносова. Она была женщиной красивой и могла понравиться царю. Между Петром Первым и Ломоносовым легко увидеть внешнее сходство: оба очень высокие, краснощёкие, круглолицые, сильные, крупные, но с маленькими ступнями и кистями рук. Много общего и в их характерах: упорство, настойчивость в достижении цели, удивительная работоспособность, упрямство, трудолюбие, широта натуры. Даже умерли они в одном и том же возрасте.

Был или не был Ломоносов сыном великого русского царя — точно неизвестно, и, наверное, мы никогда не узнаем об этом. Документов в истории об этом нет. Есть только слухи, догадки и предположения. Но в науке и в деле народного просвещения Ломоносов был прямым продолжателем идей Петра Первого. Сам Ломоносов с гордостью писал: «Стараюсь защитить труды Петра Великого, чтобы выучились россияне, чтобы показали своё достоинство».

I. Ответьте на вопросы.

1. Что вы знаете о детских годах Ломоносова?
2. Какое было самое сильное увлечение у Михаила в детстве?
3. Как Ломоносов добрался до Москвы?
4. Как учился Ломоносов в Москве и в Киеве?
5. Какими науками серьёзно занимался Михаил Васильевич?
6. Как был основан первый русский университет?
7. Что было главным смыслом жизни Ломоносова?
8. Какие слухи о Ломоносове ходили в народе?
9. Чьи идеи в науке и просвещении продолжал Михаил Васильевич Ломоносов, и что он об этом говорил сам?

II. Объясните фразу из текста.

«Конечно, у Ломоносова была золотая голова и редкие способности, но удивительным было и его огромное упорство, и невероятное трудолюбие».

III. Объясните по-русски слова и словосочетания:

краснощёкий, круглолицый, внебрачный сын, рыбацкая деревня, внешнее сходство, широта натуры.

IV. *Как вы понимаете слова Пушкина, сказанные о Ломоносове: «Он создал университет. Но лучше сказать, он сам был первым нашим университетом»?*

V. *Вы знаете, почему Московский государственный университет (МГУ) носит имя Ломоносова?*

33 ЯРОСЛАВ МУДРЫЙ

ПЕРВОЙ столицей Руси был Киев. На северо-востоке от Киева росли густые леса. В реках и озёрах было много рыбы, а в лесах много зверей. Здесь жили славяне.

В X веке великий киевский князь Владимир крестил Русь. У Владимира было двенадцать сыновей. Одного из них — Ярослава — он послал править на север, в Новгород. Ярослав много сделал для Новгорода: он строил церкви, мосты, водопроводы, открыл школы для обучения детей чтению и письму. Он создал первый юридический кодекс Руси, который назывался «Русская Правда».

Легенда говорит, что однажды Ярослав искал место для нового города на берегу реки. Вдруг из леса вышел медведь. У Ярослава не было оружия, но он не испугался и убил медведя ударом кулака. На этом месте князь основал город Ярославль (1010 год) — первый город на берегу великой русской реки Волги. Герб Ярославля — медведь — напоминает о смелом князе.

Когда умер Владимир, Ярослав стал киевским князем — князем всей Руси. Он хотел сделать Киев одним из самых красивых городов в мире, поэтому много строил: Золотые ворота, Софийский собор. В этом соборе вы и сейчас можете увидеть фрески и прекрасную мозаику XI века.

Ярослав любил книги и много читал. Многие книги переводили в это время с греческого языка на русский. В Киеве князь тоже открыл школы. В это время Ярослава стали называть Мудрым.

Международная политика князя тоже была мудрой. Киев широко торговал с Византией, Польшей, Германией, со странами Кавказа и Востока. Сам Ярослав был сыном русского князя Владимира и половецкой княжны Рогнеды. Он женился на дочери шведского короля Олафа. Свою сестру он выдал замуж за польского короля Казимира.

У Ярослава было тринадцать детей. Всем детям он дал прекрасное образование. Они много читали, знали иностранные языки. Сын Всеволод был женат на дочери императора Византии Константина Девятого.

Три дочери Ярослава стали королевами. Анна вышла замуж за короля Франции, Анастасия стала женой венгерского короля, Елизавета — женой короля Норвегии.

В Софийском соборе в Киеве вы можете увидеть фреску, на которой изображены Ярослав и его дочери.

I. Ответьте на вопросы:
1. Как правил Ярослав Мудрый в Новгороде?
2. Что говорит легенда об основании Ярославля — первого города на реке Волге?
3. Когда Ярослав стал Киевским князем?
4. Почему Ярослав много строил? Что он построил в Киеве?
5. Почему князя Ярослава называют Мудрым?
6. С кем торговал Киев при Ярославе Мудром?
7. Что вы узнали о детях Ярослава Мудрого?

II. Перечислите названия стран, которые вы встретили в тексте.

III. Что вы знаете о Киеве? Чем является Киев в настоящее время?

34 НИКОЛАЙ ВАВИЛОВ

«ОН ГЕНИЙ, и мы не понимаем этого только потому, что он наш современник» — так говорил о Вавилове академик Прянишников. Вавилову не было тридцати лет, когда он выступил перед Русским ботаническим обществом с докладом, на который сразу обратила внимание научная общественность. Прошло несколько лет, и академик Вавилов возглавил крупнейшие научные организации Советского Союза.

В 1931 году Вавилов был избран президентом русского географического общества. До этого времени он уже побывал на Памире, в Эфиопии, в Центральной Азии, в Японии, во многих городах Европы. Вавилов был не только крупнейшим ботаником, генетиком, агрономом, экологом, географом, но и выдающимся путешественником современности. Круг научных интересов его был очень широк.

Во многих районах мира побывал Николай Иванович Вавилов. Он путешествовал на самолётах, на машинах, на лошадях, пешком. Вавилов побывал на всех пяти континентах. И везде этот умный, интеллигентный, знавший двадцать два языка и диалекта человек, вызывал симпатии и уважение. Когда Вавилов посетил США, газеты писали, что если многие русские похожи на этого человека, то американцам нужно изменить свою политику в отношении Советского Союза и дружить с ним.

Невозможно рассказать обо всех путешествиях этого человека. В 1934 году он посетил Афганистан. Пять месяцев Вавилов провёл там, изучая природу и растительность. Он написал большую книгу, которая содержит очень ценные сведения о сельском хозяйстве и растительном мире этой страны.

В следующем году Вавилов побывал в Сирии, Палестине, Алжире, Тунисе, Марокко, Египте. Затем он посетил Францию, Италию, Грецию, острова Кипр и Крит. Лёгкими ли были эти путешествия? Летняя жара, плохие дороги, политические конфликты во многих посещаемых им странах.

Главной идеей Вавилова была идея обновления нашей земли, он хотел заменить малоурожайные сорта растений другими, более сильными и урожайными. Он заботился о том, чтобы земля давала хорошие урожаи и в горах, и в пустыне, и на жарком юге, и на дальнем севере.

Вавилов говорил: «Наша жизнь коротка. Надо спешить». Он ни разу не был в отпуске. Он успел сделать очень много, а мог бы сделать ещё больше, если бы его жизнь не закончилась неожиданно и трагически. Значение работ Вавилова для советской географии, биологии, агрономии остаётся огромным.

В Ленинграде Вавилов создал большие коллекции культурных растений мира. Эти коллекции являются уникальными до сих пор. В тяжёлые годы войны в блокаду люди, умирая от голода, всё-таки сохранили коллекцию Вавилова. Эта коллекция даёт возможность получать новые сорта растений для нашей земли. Это было целью жизни академика Вавилова.

И мы снова вспоминаем слова академика Прянишникова о том, что Николай Иванович Вавилов — гений. Людям, которые работали рядом с ним, мешало это понять то, что он был их современником. Прошли годы. Сейчас уже ничто не мешает нам это понимать.

I. Ответьте на вопросы.

1. Что говорил о Вавилове академик Прянишников?
2. Когда на Вавилова обратила внимание научная общественность?
3. Каков был круг научных интересов Николая Ивановича?
4. Где побывал академик Вавилов?
5. Что писали американские газеты о Вавилове после того, как он посетил США?

6. Какова была главная научная идея этого учёного?

7. Что изучал Николай Вавилов в Афганистане?

8. Почему в тяжёлые годы войны люди сохранили коллекцию культурных растений мира Вавилова?

9. Что было целью жизни академика Вавилова?

II. *Как вы понимаете фразы из текста.*

«Наша жизнь коротка. Надо спешить».

«Николай Вавилов — гений. Людям, которые работали рядом с ним, мешало это понять то, что он был их современником».

III. *Перечислите названия стран, которые вы встретили в этом тексте.*

IV. *Можете ли вы назвать какого-нибудь учёного с таким же широким кругом научных интересов, как у Вавилова?*

35 АФАНАСИЙ НИКИТИН

В ГОРОДЕ Твери, который стоит на берегу великой русской реки Волги, стоит серый гранитный памятник. Это памятник простому русскому человеку купцу Афанасию Никитину. Отсюда, с берегов Волги, он отправился в далёкую Индию.

Прошло более пятисот лет с тех пор, как он совершил своё многолетнее путешествие, оставив нам интересные записи. Читая правдивый рассказ Афанасия Никитина, мы чувствуем глубокое уважение к этому человеку, который был первым русским, кто с симпатией рассказал о жизни индийского народа, описал индийскую природу. После Афанасия Никитина русские люди обратили внимание на Индию и начали устанавливать связи с индийским народом.

Афанасий Никитин родился в Твери. В XV веке Тверь была большим торговым городом. Тверские купцы ездили в разные страны мира, покупали товары: шёлк, жемчуг, ткани, дорогие камни, перец, краски. Продавали меха, мёд, лошадей. Так, в 1466 году тверской купец Афанасий Никитин оставил родную Тверь и отправился в далёкое путешествие на юг. В то время он сам ещё не знал, что это путешествие приведёт его в далёкую страну Индию, «за три моря» (Каспийское, Чёрное и Индийский океан).

Путь Афанасия Никитина проходил через Персию, он видел там много городов, но не сделал почти никаких записей о них. Видимо, он считал Персию страной недостаточно известной для русских.

Но Индию он описал очень подробно. Он описал людей: их внешний вид, одежду, украшения, обычаи, традиции, праздники, религиозные обряды. Он описал товары, которыми богата Индия, жизнь городских и деревенских жителей. Афанасий Никитин видел прекрасные дворцы богатых людей, но видел и бедняков, живущих в индийских городах и деревнях.

Почти три года провёл Никитин в Индии — с 1469 по 1472 год. К концу третьего года Афанасий Никитин начал скучать по своей родине. Обратный путь его в Россию был долгим и трудным. Переплыв благополучно три моря, Никитин не увидел, однако, своей любимой Твери. Около города Смоленска, немного не дойдя до родного города, Афанасий Никитин умер.

«Хождение за три моря» — записки Афанасия Никитина, которые он оставил своим потомкам, драгоценны как памятник русской литературы XV века, как памятник русской инициативы и смелости. Тверской купец Афанасий Никитин поехал за три моря, конечно, прежде всего по своим торговым делам. Но эта главная задача не помешала ему интересоваться всеми сторонами жизни Индии того времени. До появления записок Афанасия Никитина в России и во всей Европе представления об Индии были самые фантастические. Афанасий Никитин, практичный и деловой человек, сумел правдиво и реально описать эту незнакомую страну. В этом ему помогли индусы, которые относились к нему с доверием, симпатией и уважением.

I. Ответьте на вопросы:

1. Какой памятник стоит в городе Твери?
2. Куда отправился в путешествие Афанасий Никитин?
3. Какой была Тверь в XV веке?
4. Как Афанасий Никитин описывал Индию?
5. Сколько времени провёл Афанасий Никитин в Индии?
6. Как называются записки Афанасия Никитина и почему?
7. Почему записки Афанасия Никитина об Индии представляют интерес и ценность?

II. Перечислите географические названия, которые вы встретили в этом тексте.

III. Назовите товары, которые тверские купцы покупали и продавали в других странах.

IV. Объясните по-русски словосочетания:

многолетнее путешествие, правдивый рассказ, религиозный обряд.

V. Знаете ли вы других известных в мире путешественников, которые провели годы, исследуя и описывая посещаемые ими страны?

VI. Вы любите путешествовать? Как вы это делаете?

36 ‖ АЛЕКСАНДР ПУШКИН

ВЕЛИКИЙ русский поэт Александр Сергеевич Пушкин родился в Москве в 1799 году. По отцовской линии он был потомком старинного дворянского рода Пушкиных, а его мать была внучкой генерала Ганнибала — «арапа Петра Великого», эфиопского князя, которого Пётр Первый привёз в Россию мальчиком и воспитал. В чертах лица, характера и темперамента Пушкина мы находим сходство с его знаменитым африканским прадедом.

Первоначальное образование Пушкин получил дома, а в 1811 году родители послали мальчика в только что открывшийся Царскосельский лицей в пригороде Петербурга, где летом жила царская семья. В этом лицее учились и воспитывались дети дворян. У Пушкина было здесь много друзей. На всю жизнь Пушкин сохранил самые светлые воспоминания о годах, проведённых в Лицее, о своих друзьях, учителях, о первых поэтических опытах. «Друзья мои, прекрасен наш союз!» — писал он позднее. Писать стихи Пушкин начал с девяти лет, а в тринадцать лет его талант уже был замечен и оценён современниками.

После Лицея Пушкин поселился в Петербурге. Казалось, что юный Пушкин только модно одевается, влюбляется, танцует на балах, ходит в театры. В это время он был весел, молод, стремителен, изящен, кудряв, талантлив, влюбчив, горяч и задирист. Но вместе с тем Пушкин проводил вечера у знаменитого историка Карамзина, встречался с поэтами, философами, участвовал в беседах на самые серьёзные темы, удивляя всех своим умом и начитанностью.

В тот период русское общество находилось под впечатлением победы в войне 1812 года с Наполеоном, оно мечтало о свободе и политических реформах. Выразителем этих настроений стал Пушкин. «Тогда везде ходили по рукам, переписывались и читались наизусть его «Деревня», «Ода на свободу» и другие мелочи в том же духе. Не было живого человека, который бы не знал его стихов», — писал Пущин, лицейский друг Пушкина. Хотя Пушкину не было ещё 20 лет, он был уже известным на всю Россию поэтом. Вольнолюбивые идеи поэта не понравились царю, который хотел сначала сослать слишком независимого поэта в Сибирь, но потом, по просьбе друзей Пушкина, смягчил своё решение. Пушкин был отправлен на юг, в Кишинёв.

Но и находясь в ссылке, Пушкин умел радоваться жизни, видеть прекрасное и поэтическое даже в самых обыкновенных вещах. Он горячо любил русскую природу и посвятил ей удивительные строки. Всё, что он встречал в жизни, преображалось под его пером и приобретало вечную жизнь в его стихах.

Южная ссылка дала поэту яркие впечатления. Здесь были написаны романтические поэмы и множество стихотворений, неповторимых по своей красоте и образности. Здесь Пушкин начал писать самое великое своё сочинение — роман в стихах «Евгений Онегин». В эти же годы он совершил путешествие на Кавказ, три недели жил в Крыму, где «купался в море и объедался виноградом».

В 1824 году царь, видя, что Пушкин не исправляется, решил отправить его в другую, более суровую ссылку — в имение родителей Михайловское, недалеко от города Пскова. Сначала однообразие деревенской жизни было мучительно для живого и темпераментного поэта, который любил веселье, дружеский круг и присутствие красивых женщин. Но скоро он и здесь нашёл новых друзей и много радостей. Жизнь в деревне имела свои положительные стороны. Вдали от городской суеты Пушкин много размышлял, прочитал огромное количество книг, повзрослел и вступил в новую эпоху своего творчества.

Когда Пушкин был в Михайловском, он узнал, что 14 декабря 1825 года в Петербурге произошло восстание дворян-декабристов, которые хотели изменить политическую систему России и улучшить положение народа. Его участники были арестованы и сосланы в Сибирь, а пятеро казнены. Среди декабристов было много друзей и знакомых Пушкина. Так, его лучший лицейский друг Пущин пробыл на каторге, в тюрьме и ссылке более тридцати лет.

К власти в России пришёл новый царь — Николай I. Он приказал вернуть Пушкина из ссылки. Из Михайловского поэта привезли прямо во дворец. Царь спросил его: «Что сделали бы вы, если бы 14 декабря были в Петербурге?» «Стал бы в ряды мятежников», — ответил Пушкин. Несмотря на этот ответ, царь разрешил поэту вернуться в Петербург. Зная влияние стихов Пушкина на русское общество, царь решил сам стать его цензором.

Последующие годы Пушкин жил то в Москве, то в Петербурге. Он много писал, встречался с оставшимися друзьями, бывал на балах, в театре, влюблялся. В Москве он встретил шестнадцатилетнюю девушку необыкновенной красоты — Наталью Николаевну Гончарову, сделал ей предложение и получил согласие. В 1829 году состоялась их свадьба в Москве.

Вскоре они переехали в Петербург и поселились на набережной Мойки, дом 12, где поэт прожил свои последние годы и где сейчас находится его музей-квартира. Здесь родились один за другим четверо его детей: «Сашка, Машка, Гришка и Наташка» — так называл их поэт.

В эти годы Пушкин — уже совсем другой человек. Он стал заметно печальнее и задумчивее, в его поэзии всё чаще звучали грустные и философские мотивы. «На свете счастья нет, но есть покой и воля», — с горечью писал он. Его жизнь становилась всё сложнее, в ней было всё больше забот и проблем. Дорого стоила квартира, наряды красавицы-жены. Росли долги. Не было и спокойствия, так необходимого для творчества. Пушкин мечтал уехать с семьёй в деревню, жить простой естественной жизнью. Но это не сбылось.

Царь хотел, чтобы жена Пушкина танцевала на придворных балах, поэтому поэт получил придворное звание камер-юнкера. Это звание давалось восемнадцатилетним юношам и было оскорбительно для Пушкина. Но он вынужден был ездить на эти балы.

В этот период изменился и характер творчества Пушкина. Кроме стихов он начал писать и прозу. Им были написаны «Маленькие трагедии», «Повести Белкина», «Дубровский», «Капитанская дочка», сказки. Пушкина интересовали исторические материалы о Петре I, о руководителе крестьянского восстания Пугачёве. У него были планы создания собственного литературного журнала. Но жить ему оставалось совсем недолго.

Назревал скандал. Молодой французский офицер Жорж Дантес настойчиво ухаживал за женой Пушкина. По Петербургу начали распространяться сплетни. Защищая свою честь, Пушкин вызвал Дантеса на дуэль, которая состоялась 27 января 1837 года на Чёрной речке близ Петербурга. На этой дуэли Пушкин был смертельно ранен. Через два дня он умер в своей квартире на набережной Мойки. «Солнце русской поэзии закатилось», — писали в эти дни русские журналы.

По завещанию Пушкина его похоронили вдали от столичного шума и суеты, в его любимом Михайловском среди русских лесов и полей. Его могила — место паломничества многих поколений русских людей. Любовь русского народа к своему национальному поэту безгранична. Известная поэтесса XX века Анна Ахматова так выразила эти чувства:

> Смуглый отрок бродил по аллеям,
> У озёрных грустил берегов,
> И столетие мы лелеем
> Еле слышный шелест шагов.

I. Ответьте на вопросы.

1. Что известно о происхождении Пушкина?
2. Где учился поэт?
3. Когда Пушкин начал писать?
4. Чем занимался Пушкин после окончания лицея?
5. За что Пушкин был отправлен царём в Кишинёв?
6. Что вы можете сказать о времени, проведённом Пушкиным в Михайловском?
7. Как сложилась жизнь поэта после Михайловского?
8. Почему жизнь Пушкина в Петербурге была нелёгкой?
9. Как погиб поэт?
10. Где похоронен Пушкин?

II. Расскажите о том периоде жизни Пушкина, который показался вам наиболее интересным.

III. Вы знали о Пушкине раньше? Если да — откуда вы получили информацию?

IV. Какие произведения Пушкина вы читали? Видели ли вы фильмы по мотивам его произведений? Расскажите о них.

V. Можете ли вы предположить, почему Институт русского языка в Москве носит имя А.С. Пушкина?

37 МИХАИЛ ЛЕРМОНТОВ

 МИХАИЛ Юрьевич Лермонтов — великий русский поэт, которого знают и любят в России. Он родился в 1814 году в Москве в семье небогатого офицера и дочери богатой помещицы. Этот брак был неравным и несчастливым. Мать Лермонтова умерла, когда он был совсем маленьким. Арсеньева, его бабушка, мать его матери, взяла мальчика к себе и сама воспитывала его. Она не разрешила мальчику встречаться с отцом. Драматические отношения с отцом повлияли на характер Лермонтова, он рос грустным и замкнутым.

Бабушка, умная, властная и твёрдая женщина, очень любила своего внука и сделала всё, чтобы он получил прекрасное образование. Она пригласила хороших учителей в свой богатый дом. Лермонтов хорошо знал французский и немецкий языки, рано начал писать стихи.

Маленький Лермонтов часто болел, и бабушка ездила с ним на Кавказ на лечение. Кавказ навсегда вошёл в жизнь Лермонтова, стал для него любимым местом. Здесь позднее будет развиваться действие многих его произведений, сюда снова и снова будет возвращать его судьба.

«Как сладкую песню Отчизны моей люблю я Кавказ...» — писал он.

В 1827 году Е.А. Арсеньева переехала с внуком в Москву. Здесь Лермонтов начал учиться в университете, но через два года ушёл из него и поступил в военную школу. Он стал офицером. Все эти годы Лермонтов много писал. Это были стихи, проза, драмы.

Любимым поэтом Лермонтова был, конечно, Пушкин. Пушкин и Лермонтов не успели познакомиться. В 1837 году, когда Пушкин погиб на дуэли, Лермонтов написал стихотворение «На смерть поэта», которое сразу сделало его имя известным в Москве, а потом и во всей России. Но это стихотворение не понравилось царю, Лермонтов был арестован и сослан на Кавказ, где в то время шла война. Здесь он начал писать свой знаменитый роман «Герой нашего времени».

В 1838 году Лермонтов вернулся в Петербург. Следующие три года стали годами его литературной славы. На Лермонтова стали смотреть как на поэтического наследника Пушкина. В эти годы он написал свои лучшие произведения: поэмы «Демон» и «Мцыри», пьесы, стихи, закончил роман «Герой нашего времени».

В 1840 году Лермонтова снова сослали на Кавказ за дуэль с сыном французского посла. Он принимал участие в военных действиях. Современники писали о его необыкновенной храбрости. Но сам Лермонтов уже мечтал уйти из армии и заняться только литературной деятельностью. Его очень интересовала духовная жизнь Востока. Но он не успел осуществить свои планы. В апреле 1841 года на одном из вечеров в Пятигорске Лермонтов поссорился со своим бывшим товарищем по военной школе Мартыновым. Мартынов вызвал Лермонтова на дуэль.

15 июля 1841 года великий русский поэт Лермонтов был убит на дуэли около горы Машук недалеко от города Пятигорска. Короткая, яркая, прекрасная и трагическая жизнь Лермонтова закончилась, когда ему было 27 лет.

Прочитайте два стихотворения Лермонтова:

***

Горные вершины спят во тьме ночной,
Тихие долины полны свежей мглой.
Не пылит дорога, не дрожат листы...
Подожди немного, отдохнёшь и ты.

***

На севере диком стоит одиноко
На голой вершине сосна.
И дремлет, качаясь, и снегом сыпучим
Одета, как ризой, она.
И снится ей всё, что в пустыне далёкой
В том крае, где солнца восход,
Одна и грустна на утёсе горючем
Прекрасная пальма растёт.

I. Ответьте на вопросы.

1. Кто воспитывал Лермонтова?
2. Почему мальчик рос грустным и замкнутым?
3. Какое образование получил поэт?
4. Почему маленький Михаил ездил с бабушкой на Кавказ?
5. Чем стал Кавказ для поэта?
6. Где учился Лермонтов?
7. Кем был Пушкин для Лермонтова?
8. Когда имя Михаила Лермонтова стало известным во всей России?
9. Почему поэт был арестован и сослан на Кавказ?
10. Где Лермонтов начал писать роман «Герой нашего времени»?
11. Какими для Лермонтова были три года в Петербурге?
12. Почему Лермонтова снова сослали на Кавказ?
13. Какие планы были у поэта?
14. Сколько лет прожил Лермонтов?
15. Как погиб Михаил Юрьевич Лермонтов?

II. Расскажите подробно о пребывании Лермонтова на Кавказе.

III. Переведите и выучите наизусть одно из данных стихотворений Лермонтова.

38 АЛЕКСАНДР ГРИБОЕДОВ

ГРИБОЕДОВ... Имя, известное каждому русскому. Человек умный, необыкновенно одарённый: он был дипломатом, он писал пьесы, статьи, музыку. Он написал бессмертную комедию «Горе от ума», которая идёт на сценах русских и иностранных театров уже более 180 лет.

Но сегодня мы хотим рассказать о другом: о его жене, об их любви, которая продолжалась много лет даже после смерти Грибоедова. Есть много красивых историй о любви. Эта история — одна из самых прекрасных: история любви великого русского, Александра Грибоедова, и грузинской княжны Нины Чавчавадзе.

Гостеприимный дом Чавчавадзе в XIX веке был знаменит на весь Тифлис. Его хозяин, князь Александр Чавчавадзе, получил прекрасное образование в Петербурге, писал стихи на грузинском языке, переводил на грузинский язык русских поэтов. У князя Чавчавадзе были хорошие дети. Чавчавадзе смотрел на старшую дочь — красавицу Нину — и с тревогой думал: кого может полюбить такая прекрасная и талантливая девушка? Кто будет её достоин?

В 1822 году в Тифлис приехал Александр Грибоедов — русский дипломат, поэт, драматург. Его сразу пригласили в гости в семью Чавчавадзе. Игра Грибоедова на пианино очень понравилась князю, и он попросил Грибоедова заниматься музыкой с его дочерью Ниной. Тогда ей было только одиннадцать лет. Нина с удовольствием занималась музыкой со своим новым учителем и рассказывала ему свои детские секреты.

Через год Грибоедов уехал в Петербург, а вернувшись в Тифлис через несколько лет, встретил уже совсем другую Нину: умную и очаровательную девушку. Снова начались уроки музыки. Нина скоро поняла, что она не знает человека умнее и прекраснее, чем Грибоедов, но она боялась сама себе сказать, что её детское восхищение этим человеком переросло в большую любовь. Ей казалось, что она не сможет понравиться этому самому лучшему в мире человеку. А Грибоедову казалось, что он уже слишком старый для своей прекрасной ученицы и она никогда не сможет полюбить его.

Наконец Грибоедов решился сказать Нине о своей любви. Он понял, что всё, чем он занимался в жизни — литература, политика, музыка, — без Нины не имело смысла, без неё жизнь стала бы скучной и бесцветной. К его удивлению, Нина ответила радостным согласием. Довольны были также родители Нины. 22 августа 1828 года состоялась свадьба Грибоедова и Нины Чавчавадзе. Это была большая, шумная и весёлая свадьба. Но странно: сам Грибоедов был грустен и задумчив. Может быть, как человек глубоко мыслящий, он мало доверял земному счастью, а может быть, предчувствовал, что это счастье будет продолжаться недолго. Молодая семья уехала в Персию, где Грибоедов получил высокий дипломатический пост. Отношения между Россией и Персией были в это время очень напряжёнными, и работа Грибоедова была сложной и опасной. Нине, привыкшей к весёлой и открытой тифлисской жизни, было тоже очень непросто жить в Персии. Ни одна европейская женщина не могла выйти на улицы Тавриза с открытым лицом.

Скоро Грибоедов должен был уехать в Тегеран, как он думал, на месяц. Нина осталась в Тавризе, имея там только несколько друзей. Прошёл месяц, но Александр не возвращался.

Неожиданно в Тавриз пришло страшное известие: во время бунта Грибоедов был убит озверевшей толпой. Нине решили ничего не говорить об этом: она ждала ребёнка. Её уговорили вернуться домой в Грузию, к отцу, и там ждать возвращения мужа. Но долго скрывать от неё правду не смогли. Когда Нина узнала о страшной смерти мужа, она тяжело заболела и потеряла своего ребёнка. Несколько недель она была между жизнью и смертью.

Когда тело Грибоедова привезли в Грузию, Нина похоронила его на горе Святого Давида — Грибоедову очень нравилось это место. На памятнике написаны прекрасные слова Нины, ставшие знаменитыми: «Имя и дела твои бессмертны в памяти русской, но для чего пережила тебя любовь моя?» Нине было в это время только семнадцать лет.

После смерти мужа Нина прожила ещё тридцать лет. Это была красивая очаровательная женщина, она была окружена влюблёнными в неё мужчинами, но замуж она больше не вышла, всю жизнь она хранила верность памяти мужа. Все, кто слышал её рассказы о Грибоедове, понимали: равных ему для неё нет и не может быть.

Вся её жизнь была посвящена теперь служению близким людям. Она помогала всем, кто просил её помощи. Она очень много сделала для своих сестёр, братьев, племянников.

Нина Чавчавадзе умерла от холеры. Её похоронили рядом с мужем на горе Святого Давида.

I. Ответьте на вопросы.

1. Кем был Грибоедов?
2. Какое знаменитое произведение он написал?
3. Что вы знаете о князе Чавчавадзе?
4. Почему Чавчавадзе попросил Грибоедова заниматься музыкой с дочерью?
5. Как родилась любовь между Грибоедовым и Ниной Чавчавадзе?
6. Чем занимался Грибоедов в Персии?
7. Как жила Нина в Тавризе?
8. Как погиб Грибоедов?
9. Почему Нине решили не говорить о смерти мужа?

II. Как вы понимаете фразы из текста.

«Гостеприимный дом Чавчавадзе в XIX веке был знаменит на весь Тифлис».

«Несколько недель она была между жизнью и смертью».

III. Переведите надпись, которую сделала на памятнике Грибоедову его жена. Объясните своими словами, что она значит.

IV. Расскажите о жизни Нины Грибоедовой после смерти мужа.

V. Выскажите своё мнение об истории этой любви.

39 ‖ МИХАИЛ ШОЛОХОВ

МИХАИЛ Александрович Шолохов родился в 1905 году в станице Вёшенской на Дону. Донская область России всегда была особым местом. Там жили казаки — вольный народ, который имел свои традиции, обычаи, особый жизненный уклад, отличавшийся от уклада других российских регионов. С одной стороны, казаки были собственниками, у них была земля. С другой, они были тружениками, так как на этой земле они сами же и работали. Эта двойственность казачьего характера особенно ярко проявилась во время революции (1917 год) и Гражданской войны (1918—1920 годы). Классовая борьба на Дону, когда каждый казак должен был сделать выбор, встать на одну или на другую сторону, имела особенно драматический и трагический характер. Об этом Михаил Шолохов написал свой прекрасный роман «Тихий Дон» — один из лучших романов мировой литературы XX века.

Судьба писателя Михаила Шолохова — загадка в мировой литературе. Он происходил из простой семьи, получил обыкновенное гимназическое образование. Правда, любил читать и читал много. В годы Гражданской войны жил на Дону, был свидетелем жестоких боёв между красными и белыми. Он видел, что раскол был не только среди населения Дона, но иногда и внутри одной семьи: один сын воевал на стороне красных, другой — на стороне белых. Шолохов рано повзрослел и рано понял сложность и трагизм жизни.

В 1922 году Шолохов приехал в Москву. Он начал работать. Но его главное желание было — заниматься литературой, писать. В 1925 году появилась его первая книга «Донские рассказы», которая сразу привлекла к себе внимание. В этом же году Шолохов начал работу над главным романом своей жизни — «Тихим Доном». К 1928 году он закончил и напечатал первую и вторую книги романа.

Роман вызвал большие споры среди советской общественности. Что автор романа необыкновенно талантлив — было понятно всем. Но непонятна была позиция автора. За кого он: за красных или за белых? Кого осуждает? Кому симпатизирует? Сейчас, спустя много лет, перечитывая «Тихий Дон», мы можем честно сказать: Шолохов никого не осуждает и никому не симпатизирует. Это и есть главная загадка его романа. Немецкий писатель Брехт сказал о «Тихом Доне», что это даже не роман, а кусок жизни, который вырезали и положили перед читателем: читай и разбирайся сам!

В центре романа судьба молодого казака Григория Мелехова, его семьи, двух женщин, любящих его, — Аксиньи и Натальи. Отношение Шолохова к своим героям необычно. Почти все они погибают, это потрясающие читателя страницы в романе. Но это трагедия отдельных людей, а не всего мира в целом. Прекрасный, яркий, красочный, но вместе с этим жестокий и трагический мир Шолохов принимает беспристрастно, как данность. В сложном мире «Тихого Дона» нет одной дороги, одной правды. У каждого героя своя дорога, своя правда, своя любовь, своя судьба.

Когда вышли первые две книги «Тихого Дона», сразу начались разговоры о том, что молодой человек (Шолохову было двадцать два года), не получивший серьёзного высшего образования, не мог написать такое гениальное произведение. Говорили, что рукопись «Тихого Дона» принадлежит не Шолохову, а неизвестному белому офицеру, расстрелянному красными. Создали даже специальную комиссию. Всё это, конечно, было фантазией. Но Шолохову стало неуютно в Москве. Он уехал на Дон в родную станицу и никогда больше не возвращался в город. До конца своей жизни (он умер в 1984 году в возрасте 79 лет) Шолохов жил на Дону. Кроме «Тихого Дона» Шолохов написал очень немного — один роман и несколько рассказов. На вопрос, почему он не пишет, Шолохов отвечал: «Не ждите от меня ничего более значительного, чем «Тихий Дон». Я сгорел, работая над «Тихим Доном», сгорел...»

В 1965 году за свой роман «Тихий Дон» Шолохов получил Нобелевскую премию. Михаил Шолохов — один из самых читаемых за рубежом русских писателей.

I. Ответьте на вопросы.

1. Что вы знаете о казаках, жителях Дона?
2. Когда Шолохов начал писать?
3. Как называется главное произведение Шолохова?
4. Почему роман «Тихий Дон» вызвал большие споры среди советской общественности?
5. Что сказал о «Тихом Доне» немецкий писатель Брехт?

6. Какие разговоры начались после того, как вышли первые две книги романа?

7. Почему Михаил Шолохов уехал в родную станицу и никогда больше не возвращался в город?

II. Расскажите об отношении Шолохова к героям своего романа.

III. Объясните, как вы понимаете слова Шолохова: «Не ждите от меня ничего более значительного, чем «Тихий Дон». Я сгорел, работая над «Тихим Доном», сгорел…».

IV. Восстановите ситуации, в которых употреблялись словосочетания: вольный народ, жизненный уклад, классовая борьба, Гражданская война, читаемый писатель, загадка в мировой литературе, встать на одну или другую сторону.

V. Если вы читали этот роман Михаила Шолохова или, может быть, смотрели фильм, как вы воспринимаете созданное им?

VI. Известен ли Михаил Шолохов в вашей стране?

40 НЕМНОГО ОБ ИСТОРИИ РОССИИ

БОЛЬШЕ тысячи лет назад на большой территории Центральной и Восточной Европы жили племена восточных славян. Восточные славяне — общие предки русского, украинского и белорусского народов. Они жили на одном месте и занимались земледелием и скотоводством. Жизнь этих людей была простой: каждый день они много работали, но когда приходили праздники, они очень любили веселиться, пели, плясали, играли, пили вино.

В IX веке у восточных славян появилось государство — Киевская Русь. Есть легенда о том, как славянский князь Кий и два его брата построили город на высоком берегу реки Днепр. Этот город стал центром Руси. Киевская Русь была сильным государством. Много веков она должна была вести борьбу с врагами, которые приходили и с юга и с северо-запада. Сложные отношения были у Киевской Руси и с Византийской империей, центр которой находился в то время на территории Константинополя, современного Стамбула.

Восточные славяне были язычниками. Это значит, что у них был не один бог, а много богов: Бог Солнца, Бог Ветра и другие. В X веке киевские князья познакомились в Византии с христианской религией. Легенда говорит об этом следующее. Киевский князь Владимир решил принять религию, где будет только один бог. Он начал решать, какую религию выбрать. Своих посланцев прислали к нему и христиане, и мусульмане, и иудеи. Владимир отказался от ислама по трём причинам: ему не понравился обряд обрезания, не понравилось, что нельзя есть свинину; но самое главное — ему не понравилось, что нельзя пить вино. Он сказал, что славяне привыкли веселиться с вином и без этого жить не могут. Больше всего понравилась Владимиру христианская религия. В 988 году Россия приняла христианство. Сначала новую религию приняли князья, а позднее и народ. Язычество долго продолжало жить на Руси параллельно с христианством, даже сейчас во многих традициях и обычаях мы можем найти элементы язычества.

Самой интересной фигурой из киевских князей был князь Ярослав Мудрый. Он получил хорошее образование, много читал, был женат на дочери шведского короля. При Ярославе Мудром в Киеве были построены прекрасные здания, которые стоят до сих пор. Киевская Русь стала сильным и богатым государством. У Руси были широкие торговые и политические связи со странами Европы. Дочери Ярослава Мудрого вышли замуж за королей Франции, Венгрии, Норвегии, а сын был женат на дочери византийского императора. Киев торговал с разными странами Европы, с Кавказом и с Востоком. Ярослав прожил 75 лет и умер в 1054 году. Он похоронен в Киеве в Софийском соборе. После его смерти на Руси начались войны князей за престол и за земли.

I. *Ответьте на вопросы.*

1. Где жили восточные славяне?
2. Чем занимались славяне?
3. Как называлось первое славянское государство?
4. Что такое язычество?
5. Что говорит легенда о том, как славяне приняли христианство?
6. Что вы можете рассказать о Киевской Руси при Ярославе Мудром?
7. Как называлась столица первого славянского государства?

II. *Восстановите ситуации, в которых употребляются словосочетания:*

заниматься земледелием и скотоводством, принять религию, элементы язычества, война за престол.

III. *Объясните, почему русский, украинский и белорусский языки похожи.*

IV. *Если вы интересуетесь историей, знали ли вы о существовании Киевской Руси?*

V. *Когда вы впервые узнали о России? Где это было, при каких обстоятельствах?*

41 ПЁТР ПЕРВЫЙ

В ИСТОРИИ каждого народа есть особенные, очень важные периоды, которые изменяют общее направление государственной жизни и дают большой толчок движению страны вперёд. Таким периодом в русской истории было время царствования Петра Первого или, как его называют, Петра Великого. Он родился в 1672 году. Когда ему было четыре года, его отец царь Алексей Михайлович умер. Началась борьба за русский престол между семьёй Петра и семьёй другой жены Алексея

Михайловича. Когда Пётр повзрослел, главным его врагом стала сводная сестра Софья, которая претендовала на русский престол. Пётр провёл детство в селе Преображенском, где по его просьбе ему собрали человек 600 мальчиков, из которых он сформировал два батальона. Его детские игры были похожи на настоящую войну, это была хорошая школа военного искусства. Пётр серьёзно изучал математику, артиллерию, историю и другие науки. Став царём, Пётр начал серьёзные преобразования в стране. Он посетил Германию, Голландию, где он сам работал, учился разным ремёслам, был на заводах, интересовался медициной, военно-морским делом. Пятнадцать месяцев Пётр пробыл в Западной Европе. Он увидел, как сильно отличается Россия от европейских стран. Вернувшись домой, Пётр начал всё изменять в своей стране.

Царь Пётр был настоящим русским богатырём: ростом выше двух метров, очень сильный, двигался быстро и стремительно. Пётр был умным, целеустремлённым, неутомимым человеком, человеком с железной волей. Он спал не больше четырех-пяти часов в сутки, всё остальное время работал. Он хорошо знал историю, математику, кораблестроение, охотно занимался физическим трудом. Русские и иностранные современники Петра говорили о том, что он имел глубокие и серьёзные знания в разных областях науки. Всю жизнь он учился, искал общения с учёными людьми и специалистами своего дела, умел схватывать на лету любую новую информацию. Он сам умел делать всё: лечить людей, строить корабли, шить сапоги. Пушкин писал о нём: «То академик, то герой, то мореплаватель, то плотник».

Пётр Первый был серьёзным государственным деятелем, мудрым дипломатом, талантливым полководцем. Он хорошо понимал необходимость экономических, политических, государственных и культурных реформ в России. Он собрал и воспитал целую группу помощников, посылал способных молодых людей учиться в Европу и давал им важные государственные посты, не обращая внимания на их происхождение.

Пётр был сторонником абсолютизма. Он чувствовал себя хозяином в своей стране, смело и решительно проводил реформы, не останавливался ни перед чем, если хотел добиться цели. Со своими противниками Пётр был очень жесток и обычно убивал их. Он не пожалел даже своего сына от первого брака — царевича Алексея, которого он хотел видеть своим помощником, но который участвовал в заговоре против отца. С согласия Петра его сын Алексей был приговорён к смерти и убит. Вместе с тем Пётр был великодушен и благороден. Он не терпел лжи, но если кто-то был перед ним виноват, но находил мужество признаться царю в своей вине, Пётр обычно прощал его. Пётр был готов забыть себя ради других и был способен на самопожертвование ради своей родины. Он был смел и храбр во время военных сражений и не раз рисковал своей жизнью на поле боя.

Пётр Первый искал для России выход к морю, поэтому в 1700 году он начал войну против Швеции. Пётр выиграл эту войну, и в 1703 году на берегу реки Невы он начал строить новый город — Петербург. Для строительства этого города каждый год собирали со всей России 30 тысяч крестьян, условия работы были очень тяжёлыми, многие крестьяне умирали. Но за короткий срок был построен прекрасный город с дворцами и парками. Пётр сделал этот город своей столицей.

Пётр помогал развитию мануфактур в России, развивал производство железа, оружия, кожи. Он создал сильную армию и флот, подчинил церковь государству. В своей работе Пётр опирался на новый класс — дворян, он дал им большую власть, этим были недовольны бояре, которые потеряли свою власть и силу.

Пётр сделал много для развития просвещения в России, было открыто много школ для простых людей, издавались книги. Он развивал науку, изучал природные богатства России, организовал Академию наук, пригласил в неё учёных со всего мира. Пётр хотел изменить и быт, и обычаи русских. Он потребовал, чтобы русские брили бороды, одевались по-европейски, носили парики. Он начал проводить специальные собрания — ассамблеи, где гости должны были быть одеты по-европейски, пить вино, курить, танцевать. Всё это было непривычно для русских. Сам Пётр и его жена Екатерина очень любили эти собрания, много танцевали, шутили, были веселы.

Реформы Петра были прогрессивными для России, она сделала большой шаг вперёд в своём развитии, стала ближе к Европе, стала более сильным и централизованным государством. Активная реформаторская деятельность Петра изменила Россию. Она повернула страну лицом к Европе. Его заслуги перед Россией огромны. Но не нужно идеализировать петровскую политику и самого Петра. Главное противоречие его политики: он хотел сделать Россию похожей на Европу, а сам действовал как типичный восточный деспот. Положение народа не улучшилось в годы его правления. Как и раньше, жизнь и судьба отдельного человека ничего не значили в России. Пётр надеялся, что в результате его реформ Россия пойдёт по европейскому пути. Но этого не случилось.

В 1725 году Пётр простудился во время наводнения в Петербурге, тяжело заболел и умер. После его смерти царицей стала его жена Екатерина Первая. Она мало интересовалась государственными делами, фактически страной управлял близкий друг Петра Первого — Меньшиков. Это очень интересная фигура в русской истории. Судьба его была необычна: сын простого человека, он в детстве случайно познакомился с Петром Первым, стал его самым близким другом и помощником на всю жизнь. Пётр подарил ему земли, богатство, власть. Сам Меньшиков был человеком умным, смелым, талантливым, преданным, верным Петру. Он был очень богат, построил много дворцов в Петербурге и Москве для своей семьи. После смерти Петра Первого Меньшиков стал управлять Россией. Но после смерти Екатерины в 1727 году у Меньшикова забрали власть, богатства и сослали его в Сибирь вместе с тремя дочерьми. Так закончилось время царствования самого известного из русских царей — Петра Первого.

I. Ответьте на вопросы.

1. Почему время царствования Петра Первого является важным периодом в истории России?
2. Зачем Пётр Первый поехал в Западную Европу?

3. Что вы можете рассказать о характере Петра?
4. Как был построен Петербург?
5. Что сделал Пётр Первый для развития просвещения в России?
6. Что вы знаете о реформах Петра?
7. Каково главное противоречие петровской политики?
8. Кто такой Меньшиков?

II. Объясните слова Пушкина, сказанные о Петре Первом: «То академик, то герой, то мореплаватель, то плотник».

III. Что вы знали о Петре Первом до чтения этого текста? Какую информацию вы можете добавить к прочитанному тексту?

IV. Объясните по-русски слова и словосочетания:

сводная сестра, престол, богатырь, целеустремлённый человек, неутомимый человек, железная воля, самопожертвование.

V. Восстановите ситуации, в которых употребляются словосочетания:

военно-морское дело, сторонник абсолютизма, природные богатства, рисковать жизнью, приговорить к смерти, государственный пост, носить парик, брить бороду.

VI. Как, в вашем представлении, выглядел Пётр I? Смогли бы вы его описать?

42 ‖ МЕТЕЛЬ
По повести А.С. Пушкина

В ОДНОЙ деревне в семье помещика жила семнадцатилетняя девушка, которую звали Марья Гавриловна (Маша). Она очень любила читать французские романы. Она мечтала, что в её жизни будет большая любовь и большие страдания, которые, как в романах, окончатся счастливо.

Она любила бедного офицера Владимира. Он тоже любил Машу, но её родители были против их брака, потому что хотели выдать дочь замуж за богатого человека.

Молодые люди часто встречались тайком от всех. Они решили, что не могут жить друг без друга и решили пожениться тайно. Потом, думали они, можно будет броситься к ногам родителей, которые очень любят дочь и, конечно, простят их.

В день, когда Марья Гавриловна решила бежать из дома и обвенчаться с Владимиром, на улице была ужасная метель. Но Марья Гавриловна приехала в церковь вовремя. Владимир должен был уже ждать её там, но его там не было. В темноте, в метели, Владимир потерял дорогу. Марья Гавриловна ждала его в церкви почти всю ночь. Утром она вернулась домой. Никто ничего не знал об этой истории. Вечером Марья Гавриловна заболела, а когда выздоровела через две недели, узнала, что Владимир уехал в армию и через несколько месяцев погиб.

Прошло три года. Умер отец Марьи Гавриловны, она осталась жить с матерью. У богатой и милой Марьи Гавриловны было много женихов, но она никому не подавала надежды. Однажды в доме Марьи Гавриловны появился молодой красивый офицер Бурмин. Он понравился девушке, и она тоже понравилась ему. Они вместе гуляли, беседовали, но Бурмин ничего не говорил о своём чувстве. Марья Гавриловна ждала, ждала её мать, но Бурмин молчал.

И вот наконец произошло объяснение...

— Я вас люблю, — сказал Бурмин. — Но мне нужно открыть вам ужасную тайну... Добрая, милая Марья Гавриловна, я знаю, я чувствую, что вы были бы моею женою, но я несчастливый человек. Я женат. Я женат уже четвёртый год и не знаю, кто моя жена, и где она, и увижусь ли я с ней когда-нибудь!

— Что вы говорите? — воскликнула Марья Гавриловна. — Как это странно! Продолжайте, я расскажу о себе после, продолжайте.

— В начале 1812 года, — сказал Бурмин, — я спешил в Вильну, в которой находился наш полк. Вдруг началась ужасная метель. Но я поехал. Метель продолжалась. В метели я потерял дорогу и приехал в незнакомую деревню. Церковь в деревне была открыта. «Сюда! Сюда!» — закричало несколько человек. «Где ты так долго? — сказал мне кто-то. — Поп не знает, что делать. Скорей!» Я вошёл в церковь. Было полутемно. Ко мне подошёл поп. «Можно начинать?» — спросил он. «Начинайте», — ответил я и встал рядом с девушкой. Нас обвенчали.

«Поцелуйтесь», — сказали нам. И тут впервые девушка посмотрела на меня. Я хотел её поцеловать. Она закричала: «Ай! Не он! Не он!» — и упала без памяти. Все испуганно на меня посмотрели. Я вышел из церкви.

— Боже мой! — закричала Марья Гавриловна, — и вы не знаете, что сделалось с вашей бедною женой?

— Не знаю, — ответил Бурмин, — не знаю, как называется деревня, в которой венчался, не помню, с какой станции поехал. Я не имею надежды найти ту, над которой пошутил так жестоко.

— Боже мой! — сказала Марья Гавриловна. — Так это были вы! И вы не узнаёте меня?

Бурмин побледнел... и бросился к её ногам.

I. Ответьте на вопросы.

1. Почему родители Маши были против её брака с Владимиром?
2. Почему молодые люди решили пожениться тайно?
3. Какая погода была в день венчания?
4. Что случилось с Владимиром в ночь венчания?
5. Почему Марья Гавриловна никому из женихов не подавала надежды?
6. Какую тайну открыл Марье Гавриловне Бурмин?
7. Почему Бурмин приехал в незнакомую деревню?
8. Что произошло в церкви?
9. Как могла закончиться эта история?

II. Понятны ли вам слова и выражения из текста:

потерял дорогу, поп, метель, тайно, обвенчаться.

III. Как вы понимаете фразы из текста.

«Молодые люди часто встречались тайком от всех».

«Потом, думали они, можно будет броситься к ногам родителей, которые очень любят дочь и, конечно, простят их».

«Бурмин побледнел... и бросился к её ногам».

IV. Как вы думаете, почему Пушкин назвал свою повесть «Метель»?

V. Известно ли вам было имя Александра Пушкина раньше? Если да — когда и где вы о нём узнали?

43 ОТКРЫТИЕ ТРОИ

ОТКРЫТИЕ Трои связано с именем одного удивительного человека. Его звали Генрих Шлиман.

Шлиман (1822—1890) оставил после себя бесчисленное количество путевых заметок, статей, писем и книг. Его личная жизнь и его открытия, реальность и мечты стали неотделимы друг от друга. Споры вокруг его личности и его открытия начались во время его жизни и продолжаются до сих пор.

Шлиман родился в 1822 году в Германии и семье пастора. Когда ему было восемь лет, он получил от отца подарок в Рождество — книгу «Всеобщая история», в которой он впервые встретил информацию о Трое. Когда мальчик увидел картинки, изображающие Трою, и прочитал рассказ об этом исчезнувшем городе, он заявил: «Я открою Трою».

«Папа, — сказал он отцу, — автор этой книги, вероятно, видел Трою, иначе он не мог бы описать её так хорошо в этой книге». «Нет, мальчик, — ответил отец. — Всё это неправда. Это только воображаемая картинка».

«Но если такие стены когда-то существовали, они не могли полностью разрушиться, их остатки должны сохраниться до сих пор, но они спрятаны под пылью веков», — сказал мальчик. В конце концов отец и сын пришли к выводу, что сын сможет когда-нибудь открыть Трою.

В возрасте девятнадцати лет Шлиман поселился в Амстердаме и начал работать служащим в компании, занимающейся торговлей оливковым маслом и чаем. В этот период он самостоятельно изучает английский, французский и испанский языки, к которым позднее прибавились другие, включая греческий, русский и арабский. Когда он выучил русский язык, его послали в Санкт-Петербург, где через некоторое время он открыл своё дело и стал русским гражданином.

В 1850 году он приехал в Америку и во время «золотой лихорадки» в Калифорнии попробовал себя в банковском деле. Через два года он снова вернулся в Россию и опять занялся торговлей. Коммерческая этика Шлимана была объектом споров, и его часто обвиняли в нечестности в некоторых делах. Во всяком случае, в эти годы Шлиман заработал много денег.

В 1868 году Шлиман переехал в Нью-Йорк, стал американским гражданином и развёлся с женой. Именно в этот период он решил покончить со своей торговой деятельностью и начать новую жизнь. Теперь он проводил большую часть своего времени в интеллектуальных занятиях, занимаясь филологией и археологией. Его продолжала интересовать Троя.

Летом 1869 года он познакомился с Франком Калвертом — английским и американским послом в Турции. Калверт жил в городе Чанаккале, который находится на Дарданеллах. Калверт тоже интересовался археологией и Троей, и он разрешил Шлиману начать раскопки кургана Хизарлык недалеко от Чанаккале. Сам Калверт начинал раскопки этого кургана, но когда он показал это место Шлиману, Шлиман решил, что это и есть остатки легендарной Трои, так как географическое положение кургана точно соответствовало описанию Гомера.

Нужно сказать, что в то время никто, кроме Калверта и Шлимана, не верил, что в этом месте находятся остатки древней Трои. Хотя «Илиада» Гомера была одной из самых известных книг второй половины XIX века, все, кто её читал, были уверены, что гомеровская история — вымысел, фантазия автора. Но Шлиман был уверен в обратном. В апреле 1870 года Шлиман и его вторая жена — 17-летняя гречанка София Энгастероменос — пригласили рабочих и начали раскопки кургана.

Первая вещь, которую они нашли, был медный щит, вторая — медный котёл, третья — медная тарелка. Затем они нашли монеты, кувшины, чаши, кольца, браслеты, серьги, вазы — всё из чистого золота. Они с трудом верили своим глазам. Это была коллекция, бесценная для человечества, ведь вещам, которые они нашли, было более 3500 лет.

То, что произошло с этими вещами дальше, похоже на детективную историю. Согласно договору между Шлиманом и турецким правительством, половина найденного принадлежала Турции. Но Шлиман договорился с властями Турции о том, что он заплатит деньги — довольно большие для того времени, — а все вещи увезёт с собой. Мало кто в Турции понимал тогда ценность этих вещей. Так «Золото Трои» покинуло Турцию. Оно было перевезено сначала в Грецию, а потом в Германию. Шлиман стал известным человеком в научном мире. Его открытие имело широкий резонанс. Со всех концов мира он получал приглашения приехать и прочитать лекции о своих находках. Его статьи и книги публиковались на разных языках мира.

Конечно, это был необычный человек. Даже смерть его была необычна. Однажды днём он вышел из своего отеля в Неаполе в Италии, и отправился к месту раскопок Помпеи. На улице ему стало плохо, он упал, и когда его нашли полицейские, у него не было ни денег, ни документов. Пока устанавливали, кто он такой, Шлиман умер. История троянского золота на этом, однако, не окончилась. До Второй мировой войны оно находилось в Германии, в Берлинском музее. В конце войны сокровища были поспешно упакованы и спрятаны в зоопарке. После этого много лет о них ничего не было известно. Думали, что они потеряны для человечества. Однако позднее они оказались в Москве, в Музее имени Пушкина, где их можно сейчас увидеть. Споры о том, кому должно принадлежать «Золото Трои», продолжаются.

I. Ответьте на вопросы.

1. Как впервые Шлиман узнал о Трое?
2. К какому выводу пришли отец и сын Шлиманы после разговора о Трое?
3. Чем занимался Шлиман в Амстердаме и Америке?
4. Кто помог Генриху Шлиману в поисках Трои?
5. Почему никто, кроме Калверта и Шлимана, не верил в существование Трои?
6. Какие вещи были найдены при раскопках кургана?
7. Как Шлиман увёз «Золото Трои»?
8. Какова история троянского золота?

II. Что вы знали о Трое раньше и какую новую информацию вы получили из этого текста?

III. Объясните по-русски слова и словосочетания:

путевые заметки, курган, иметь большой резонанс, раскопки, личная жизнь, коммерческая этика.

IV. Почему автор называет Трою легендарной?

V. Если вы в душе путешественник или археолог, хотели бы вы найти «свою» Трою?

44 ЗЛОЙ МАЛЬЧИК
По А.П. Чехову

ИВАН Иванович, симпатичный молодой человек, и Анна Семёновна, молодая девушка, спустились к реке и сели на скамейку. Скамейка стояла у самой воды, между густыми кустами. Здесь было тихо, и никто не мог их видеть, кроме рыб.

«Я рад, что мы наконец одни, — начал Иван Иванович, оглядываясь кругом, — я должен сказать вам многое, Анна Семёновна, очень многое. Когда я увидел вас в первый раз, я понял тогда, для чего я живу, понял, где мой идеал, которому я должен посвятить свою честную, трудовую жизнь. Увидев вас, я полюбил впервые, полюбил страстно! Скажите мне, моя дорогая, могу ли я надеяться на... взаимность?»

В эту счастливую минуту Иван Иванович взял руку девушки, и... они поцеловались. Когда молодые люди целовались, вдруг послышался смех. Они посмотрели на реку и увидели, что в воде, совсем недалеко от них, стоял мальчик. Это был Коля, младший брат Анны Семёновны. Он смотрел на молодых людей и хитро улыбался.

— А, вы целуетесь? — сказал он. — Хорошо же! Я всё слышал, о чём вы говорили. Я всё скажу маме.

— Я надеюсь, что вы, как честный человек..., — тихо заговорил Иван Иванович, краснея от волнения. — Нехорошо подсматривать и слушать, что говорят не вам, а пересказывать это стыдно! Надеюсь, что вы, как честный человек...

— Дайте рубль, тогда не скажу! — сказал Коля. — А то скажу.

Иван Иванович достал из кармана рубль и отдал его Коле. Тот быстро схватил рубль, прыгнул в воду и поплыл. А молодые люди в этот день уже больше не целовались.

На следующий день Иван Иванович привёз Коле из города новые цветные карандаши и мяч, а сестра подарила ему свой портфель. Потом пришлось сделать ему и другие подарки. Злому мальчику, очевидно, всё это очень нравилось, и, чтобы получить ещё больше, он стал наблюдать. Куда идут молодые люди, туда и он. Он ни на одну минуту не оставлял их одних. Он наблюдал за ними всё лето, обещал рассказать всё родителям и требовал всё больше и больше подарков. В конце концов он стал даже просить часы, и несчастным влюблённым пришлось пообещать ему часы...

Однажды за обедом Коля вдруг громко засмеялся и спросил у Ивана Ивановича: «Рассказать? А?»

Иван Иванович сильно покраснел, а Анна Семёновна быстро встала из-за стола и убежала в другую комнату.

В таком положении молодые люди находились до конца августа, до тех пор, пока Иван Иванович не сделал Анне Семёновне предложение стать его женой. Какой это был счастливый день! Поговорив с родителями своей будущей жены и получив согласие, Иван Иванович сразу побежал в сад и начал искать Колю. Найдя его, он даже закричал от радости и схватил злого мальчика за ухо. Подбежала Анна Семёновна, тоже искавшая Колю, и схватила его за другое ухо. И нужно было видеть, какое наслаждение было написано на лицах влюблённых, когда Коля плакал и просил их:

— Милые, хорошие, я больше не буду. Простите, не буду!

И потом оба сознались, что за всё время, пока были влюблены друг в друга, они ни разу не испытывали такого счастья, как в те минуты, когда они драли злого мальчика за уши.

I. Ответьте на вопросы.

1. Почему молодые люди пришли в тихое место, где никто не мог их видеть?
2. Что сказал Иван Иванович Анне Семёновне?
3. Кто подслушивал их?
4. За что Иван Иванович и Анна Семёновна всё время дарили Коле подарки?
5. Какие слова Коли заставили Ивана Ивановича покраснеть за столом?
6. Почему Иван Иванович побежал в сад искать Колю?
7. Почему на лицах молодых людей было наслаждение, когда Коля плакал и просил их: «Милые, хорошие, я больше не буду!»?

II. Как вы понимаете фразы из текста.

«Скажите мне, моя дорогая, могу ли я надеяться на... взаимность?»

«Он ни на минуту не оставлял их одних».

«В таком положении молодые люди находились до конца августа, до тех пор, пока Иван Иванович не сделал Анне Семёновне предложение стать его женой».

III. Закончите фразы из текста.

«Когда молодые люди целовались, вдруг послышался смех. Они посмотрели на реку и увидели, что...».

«Иван Иванович достал из кармана рубль и отдал его Коле. Тот быстро схватил рубль и...».

«Однажды за обедом Коля вдруг засмеялся и...».

IV. Как, по вашему мнению, хотел Иван Иванович закончить данную фразу:
— «Нехорошо подсматривать и слушать, что говорят не вам, а пересказывать это стыдно! Надеюсь, что вы, как...».

V. Попробуйте пересказать этот рассказ от имени Коли.

VI. Вам известно имя Антона Чехова? Читали ли вы его рассказы или пьесы? Видели ли вы спектакли по чеховским произведениям?

45 БОРОДА И УСЫ

ИСТОРИИ о бородах и усах бывают грустными и смешными, поучительными и бессмысленными, но в любом случае борода и усы — это зримый признак перемен в истории человечества.

Размер самой длинной бороды, известной людям, — 5 метров 33 сантиметра. Это чудо принадлежало норвежцу Лангсету, жившему в начале XX века. Мировой рекорд по длине усов принадлежит англичанину Джону Рою. Он начал отращивать свои усы в 1939 году, а к 1984 году они имели длину 1 метр 89 сантиметров. Но потом англичанин, принимая ванну, случайно сел на один ус и потерял 42 см. Ему пришлось подрезать и второй ус.

Это забавная история, но иногда случались и трагические. В XVIII веке один австриец запутался в своей бороде длиной 2,5 метра, упал с лестницы и сломал себе шею.

Во все времена мужчины всего мира придавали значение бороде и усам. Борода и усы — это всегда часть мужского имиджа. Римский император Калигула, который очень любил роскошь, носил искусственную бороду из золота. Многие известные в истории люди носили бороды, усы или бакенбарды, с которыми они вошли в историю. Невозможно представить себе без бороды Толстого или Мусоргского, без усов — Чапаева или Сальвадора Дали, без бакенбардов — Пушкина и Пирогова. Отнимите у кардинала Ришелье его знаменитую бородку-клинышек — и он потеряет половину своего отрицательного обаяния.

Иногда борода может скрывать какие-то недостатки внешности. Но можно смело сказать, что никто не отращивает бороду, чтобы выглядеть моложе или красивее. Главная задача бороды и усов — сделать их владельцев более импозантными. Независимо от формы, размера и цвета борода подчёркивает, что человек, который её носит, — мужчина!

Иногда борода отражает принадлежность к какой-то социальной или религиозной общности. У древних египтян борода была символом власти, её обязательно носили все фараоны. Чем богаче был человек, тем длиннее бороду он мог носить.

В Древней Греции и хозяева и рабы носили бороду, но рабы должны были брить голову. Особенно любили бороды древнегреческие учёные и философы. Прагматичный Александр Македонский приказывал своим солдатам бриться, чтобы враги не могли «волочить их за бороды». Голые подбородки оставались популярными у греков до эпохи Юстиниана.

Для русского царя Петра Первого борода стала символом сопротивления государственным реформам. Он разрешал носить бороду... за деньги, нужно было заплатить специальный налог в казну. Рассердившись на кого-то, Пётр самолично отрезал бороду у провинившегося. Правда, после смерти Петра борода снова быстро вошла в моду в России. В конце XIX века большинство мужчин в России носили бороды.

До конца XIX века бритьё бороды было процессом сложным, требовавшим много времени и хорошего умения. Хорошие мастера-брадобреи ценились: аристократы и богачи перекупали их друг у друга. В 1895 году Кинг Жиллет изобрёл безопасные лезвия, и это принципиально изменило подход к технике бритья. Сначала такие бритвы продавались плохо, но постепенно они завоевали рынок.

В XX веке мода была изменчивой. В прошлое ушли широкие бороды и пышные усы. Большая часть мужчин XX века предпочитала свежие выбритые лица. Усы то входили в моду, то опять выходили из неё.

Сейчас борода и усы — дело вкуса. Можно сказать, что среди политиков борода — большая редкость. Имиджмейкеры советуют им иметь «чистое» лицо, которое ассоциируется у избирателей с открытостью, честностью. Людям творческим, наоборот, не помешает элемент тайны, загадки.

Ах, борода-борода... Создаём ли мы из неё произведение искусства или не бреемся просто от лени — это роли не играет: в любом случае она была и остаётся признаком мужественности и символом времени. Хотя всем — бородачам и безбородым — можно напомнить русскую пословицу: «Была бы голова — будет и борода».

I. Ответьте на вопросы.

1. Что вы можете рассказать о самых длинных в истории бороде и усах?
2. Почему мужчины всегда придавали значение бороде и усам?
3. Что может выражать борода?
4. Почему любили бороды древнегреческие учёные и философы?
5. Почему русский царь Пётр Первый не любил бороды?
6. Что вы знаете о моде на бороды в XX веке?
7. Какие знаменитые люди носили бороды?
8. Как относятся к бороде и усам в вашей стране?
9. Как вы понимаете русскую пословицу: «Была бы голова — будет и борода»?

II. Восстановите ситуации, в которых употреблялись словосочетания:

дело вкуса, символ власти, часть имиджа, недостатки внешности.

III. Из числа ваших родственников или друзей кто-нибудь носит бороду или усы? Вы не спрашивали зачем?

IV. Как вы относитесь к бороде и усам?

46 МОСКВА

МОСКВА — неповторимый уникальный город. В Москве интересно всё — её история, архитектура, исторические ценности, культура, темп и уклад жизни её жителей. Трудно забыть этот город, если вы однажды побывали в нём.

Москва — самый богатый музеями город России. В Кремле находится Оружейная палата — один из первых музеев России. В Москве находится Третьяковская галерея — богатейшее собрание русской живописи, Государственный музей изобразительных искусств имени Пушкина, где хранятся лучшие коллекции западной живописи и скульптуры.

В Москве жили и работали великие писатели, художники, композиторы: Пушкин, Лермонтов, Толстой, Репин, Чайковский, Васнецов, Бородин, Цветаева, Горький и другие. Москва бережно хранит память об этих людях в музеях, посвящённых им.

Огромна роль Москвы в развитии русской культуры и науки. В Москве был открыт первый университет и первый русский театр, создана первая печатная книга, открыта первая типография, вышла первая русская газета.

Идёт время, город растёт, живёт и меняется. Старое переплетается с новым, но неизменным остаётся одно: Москва — главный город России, центр русской земли.

Когда и как родился этот город среди рек, лесов и озёр? Впервые о Москве стало известно в 1147 году. Суздальский князь Юрий Долгорукий писал черниговскому князю Святославу и приглашал его приехать «во град Москов» и сообщал, что в честь этой встречи в Москве организован был «обед силён». Этот год считают датой основания Москвы, а князя Юрия Долгорукого — её основателем. Сейчас в центре Москвы стоит памятник Юрию Долгорукому.

Скорее всего, люди начали жить здесь ещё раньше, в XI веке. Когда жизнь в Киевской Руси стала трудной и неспокойной, часть живших там славян пошла на север в поисках новых мест для жизни. Место, на котором начали строить город, было очень удобным. Вокруг были густые непроходимые леса, значит, врагам трудно было бы подойти к будущему городу. В лесах и реках было много зверей и рыбы. По реке можно было легко передвигаться в другие районы и торговать с ними, то есть географическое положение было очень выгодным. Люди выбрали крутой холм, с двух сторон которого текли реки, построили высокую деревянную стену. Получилась крепость, которую назвали Кремль (в переводе с греческого «крутой холм»). Так родилась Москва.

Место понравилось славянам. Город быстро рос, ему было уже тесно в крепости. Улицы побежали лучами от Кремля в разные стороны. Город развивался, усиливалось его влияние. В XV веке Москва стала столицей русского государства. Процесс этот не был лёгким, не раз подходили враги к стенам Москвы. Город часто горел, но каждый раз московитяне заново строили свои дома и возрождали свой любимый город.

Сначала дома строили только из дерева, в XIV веке появились первые каменные дома и церкви, а в 1367 году князь Дмитрий Донской из-за частых пожаров в Москве приказал строить все дома только из камня. Были построены новые белые каменные стены и башни Кремля. Москву стали называть белокаменной. В XV веке вокруг Кремля выросли стены и башни из красного кирпича. В это же время практически сложился уникальный кремлёвский архитектурный ансамбль.

В XV—XVII веках Москва быстро расширялась. Был построен Земляной вал — кольцо укреплений (сейчас это Садовое кольцо), внутри него строились слободы — Хлебная, Столовая, Поварская, в каждой из которых жили люди определённой профессии. Богатые строили красивые дома и дворцы, до сих пор украшающие Москву. На окраинах города были построены сторожа-монастыри: Данилов (1272), Андроников (1360), Новодевичий (1524), Донской (1592) и другие. Главными улицами стали Арбат (дорога на Смоленск) и Тверская (дорога на Тверь).

На любимой народом Красной площади появился знаменитый собор Василия Блаженного, ставший одним из символов Москвы.

В 1712 году Пётр Первый решил перенести столицу в только что построенный им новый город на севере России — Санкт-Петербург. Только через двести лет, в 1918 году, Москва снова стала столицей. Но и в эти двести лет Москва продолжала расти, развивать свою промышленность и ремёсла, строить церкви, дворцы и архитектурные ансамбли.

Сейчас Москва — большой красивый город. Её территория — 994 кв. км, население — свыше двенадцати миллионов человек. В Москве девять вокзалов, пять аэропортов, более ста музеев и театров.

Русская пословица говорит: «Кто в Москве не бывал — красоты не видал». Приезжайте в Москву, посмотрите — правда ли это.

I. Ответьте на вопросы.

1. Сколько лет Москве?
2. С каким событием связано первое известие о Москве?
3. Почему основателем Москвы считают Юрия Долгорукого?
4. Когда Москва стала столицей русского государства?
5. Почему Москву называли белокаменной?

II. Восстановите ситуации, в которых употреблялись словосочетания: неповторимый город, географическое положение, уклад жизни, непроходимые леса, крутой холм, возрождать город, красный кирпич, архитектурный ансамбль.

III. Расскажите о местоположении древней Москвы.

IV. Расскажите о развитии Москвы в XV–XVII веках.

V. Знаете ли вы, какие исторические события связаны с Москвой?

VI. Что вы знаете о современной Москве?

VII. Были ли вы в Москве? Если да — какие ваши любимые места?

VIII. Сравните Москву со столицей своей страны.

47 НОВЫЙ ГОД

«С НОВЫМ годом! С Новым счастьем!» Раньше всех эти слова говорят жители Камчатки и Дальнего Востока. И только через девять часов поздравляют друг друга с праздником москвичи. В Сибири в это время суровые морозы, а в южных районах страны тёплый дождь падает на вечнозелёные растения. Но одинаково тепло, уютно и празднично во всех домах. Новогодний праздник празднует вся страна, каждая семья, каждый ребёнок или взрослый. Это самый любимый, самый оптимистический праздник, праздник надежд. Дети ждут Деда Мороза, главного героя праздника, подарков, зимних каникул, а взрослые — новой мирной и радостной жизни в новом году.

К Новому году все готовятся заранее. В праздничные дни город необычен. В витринах магазинов, на площадях и в парках стоят нарядные ёлки. На улицах много людей. Они спешат закончить дела старого года, приготовиться к празднику — купить подарки детям, родным, друзьям. Но самое главное — купить красивую новогоднюю ёлку. Каждый хочет встречать Новый год около ёлки, поэтому самые многолюдные места в городе — это ёлочные базары. Опытные люди знают, что хорошую ёлку нужно купить заранее. Конечно, можно купить и искусственную ёлку. Но можно ли её сравнить с настоящим деревом! Каждый день дети задают один и тот же вопрос: «Когда мы будем наряжать ёлку?»

Украшение ёлки — это огромное удовольствие для взрослых и детей, поэтому во многих домах ёлку наряжают всей семьёй. Ёлочные игрушки хранятся почти в каждом доме. Целый год они лежат в коробках и ждут своего часа. Каждый год покупается несколько новых игрушек, так иногда в доме есть игрушки, которые подарили ещё бабушке в её детстве. Ёлочные игрушки часто покупают в магазинах, но можно сделать их и своими руками. Некоторые родители считают, что украшение ёлки — дело взрослых. Они украшают её, когда дети спят, чтобы сделать им сюрприз. А утром дети просыпаются и видят красавицу-ёлку. На ней разноцветные шары, серебряный дождь, яркие игрушки, конфеты и фрукты. Но самый главный сюрприз — под ёлкой. Там подарки, которые принёс добрый Дед Мороз.

Откуда идёт этот праздник? В Древней Руси новый год начинался в марте, и его праздновали как праздник весны, солнца, тепла, ожидания нового урожая. Сейчас в это время в России отмечают Масленицу — неделю встречи весны, когда пекут вкусные круглые, как солнце, блины.

Когда в X веке Русь приняла христианство, Новый год начали встречать по византийскому календарю — первого сентября, в начале осени. Но накануне 1700 года русский царь Пётр Первый решил праздновать Новый год по европейскому обычаю — первого января. Пётр предложил всем москвичам украсить свои дома сосновыми или еловыми ветками. В двенадцать часов ночи Пётр вышел на Красную площадь с факелом в руках и запустил в небо первую ракету.

Триста лет назад люди верили, что, украшая ёлку, они делают злые силы добрее. О злых силах уже забыли, но ёлка, как и раньше, — символ новогоднего праздника. Только в Москву к Новому году привозят около полумиллиона ёлок, которые растут в лесах и на специальных плантациях.

В эти праздничные дни на городских улицах можно увидеть удивительную картину: около дома останавливается такси, и из него выходят странные пассажиры. Это старик с бородой, в длинной белой шубе и шапке, с палкой и большим мешком и молодая девушка тоже в белой шубе и шапочке. Это традиционные новогодние герои — Дед Мороз и Снегурочка, его внучка. Дети знают, что в мешке лежат подарки для них. Но трудно обмануть современных детей, только самые маленькие не знают, что Деда Мороза заказали папа и мама по телефону.

Сколько лет Деду Морозу? Нам кажется, что он так же стар, как другие герои русских сказок. Но на самом деле он самый молодой из русских сказочных героев, ему только 100—150 лет. Но уже очень давно в народе рассказывали сказки и легенды о Морозе, сильном и злом старике, который приносит на землю холод, снег и метели. В те времена он редко дарил подарки, наоборот, люди дарили подарки ему, чтобы он стал добрее. Когда в России начали встречать Новый год первого января, Дед Мороз стал постепенно главным героем этого праздника. Но его характер изменился: он стал добрее и начал приносить детям подарки в новогоднюю ночь.

Вечером, когда усталые и счастливые дети уже спят, взрослые собираются за новогодним столом, чтобы проводить старый год. Собирается вся семья, приглашают родных и друзей. Вспоминают всё хорошее, что было в старом году. Нужно создать хорошее настроение, потому что есть примета: если Новый год встречаешь в хорошем настроении, весь год будет счастливым. В двенадцать часов в каждом доме слушают, как бьют кремлёвские часы. В эти минуты нужно успеть открыть шампанское. Люди пьют шампанское и поздравляют друг друга с Новым годом, с новым счастьем, дарят друг другу подарки. Никто не скучает в новогоднюю ночь: все танцуют до утра, выходят на улицу, поют песни, ужинают. Готовит свои сюрпризы и телевидение. По телевизору в эту ночь можно увидеть традиционные праздничные программы, которые готовят задолго до Нового года. Это праздничные новогодние концерты, в которых выступают самые любимые артисты, это весёлые новогодние фильмы. Праздничная программа и веселье продолжаются до утра.

I. Ответьте на вопросы.

1. Какой праздник самый любимый в России?
2. Как русские поздравляют друг друга в Новый год?
3. Какие места самые многолюдные в городе, когда наступает Новый год?

4. Как проходит украшение ёлки?
5. Откуда идёт обычай встречать Новый год?
6. Зачем украшали ёлку раньше?
7. Какую необычную картину можно увидеть на городских улицах в новогоднюю ночь и на следующий день?
8. Что вы можете рассказать о Деде Морозе?
9. Как взрослые встречают Новый год?
10. Сколько времени длится встреча Нового года?

II. Объясните по-русски слова и словосочетания:

суровый мороз, ёлочный базар, вечнозелёные растения, многолюдное место, искусственная ёлка, примета, кремлёвские часы.

III. Бывают ли в вашей стране новогодние ёлочные базары? Если нет — что вы наряжаете вместо ёлок?

IV. Вы встречали Новый год в России? Если да — как это было?

V. Расскажите о встрече Нового года в вашей стране.

48 АРБАТ

СМЕЛО можно сказать, что нет в Москве другой такой же необычной и интересной улицы, как Арбат. Одни москвичи любят Арбат. Другие его презирают и критикуют его нынешний вид. Но равнодушных нет. И дело даже не в том, что люди сравнивают Старый Арбат и Новый Арбат. Хотя между ними есть немало общего. Это две совершенно разные улицы. Новый Арбат (до недавнего времени он назывался Проспект Калинина) — первая «западная» улица Москвы, современная, просторная, с широкими тротуарами, модными магазинами и кафе. Ничего плохого тут нет. За что же коренные москвичи так не любят эту улицу? А за то, что, чтобы её построить, снесли целый квартал исторической застройки — архитектурные ансамбли, жилые кварталы. И этой потери Новому Арбату не простят, похоже, уже никогда.

Судьба Старого Арбата другая. Его не сломали, его решили модернизировать на европейский лад, сделать из него «пешеходную зону городского центра».

Название — Арбат идёт из татарского языка. «Арбад», «орбат», «рабат» — звучание слова менялось со временем — означает «пригород». Здесь останавливались крымские, казанские и другие восточные купцы. Это была одна из главных торговых улиц Москвы. Постепенно «восточных гостей» сменили русские купцы, торговля здесь процветала. Об этом говорят названия арбатских переулков: Плотников, Серебряный, Денежный, Хлебный. Сразу становится понятным, чем здесь занимались люди.

Однако в XVIII веке на Арбат начали переезжать московские аристократы. Они быстро вытеснили с понравившейся им улицы купцов и ремесленников. В середине XIX века на Арбате уже не было никаких магазинов, только аристократические особняки — люди жили счастливо и богато.

В начале XX века Арбат оживился, опять стал деловым, торговым. В таком виде Арбат и дошёл до наших дней. Сейчас стоят вдоль Арбата лавки, а иногда просто тенты, а в них всё, что может заинтересовать иностранца: матрёшки, картины, русские платки, антиквариат и многое-многое другое. На Арбате можно купить вещи любого качества и за любую цену.

Из прежнего, довольно тихого, уютного, интеллигентного места Арбат превратился в главную сувенирную, шумную и суетливую улицу Москвы. Теперь главный обитатель Арбата — турист. Его кормят хот-догами и бубликами, поят пивом и пепси-колой, продают ему матрёшки и шкатулки, рисуют с него портреты и фотографируют с двойниками Ленина, Сталина и Николая II.

Коренным арбатцам в этом Арбате не нравится всё: круглые модерновые фонари, яркие цвета домов, суета и шум. А вот новое поколение москвичей уже не представляет себе Арбат другим. Им трудно поверить, что когда-то по этой улице ходил троллейбус, а до него — трамвай, а до трамвая — конка.

Но Арбат интересен не только этим. Он всегда был и литературным, и театральным, и музыкальным местом. Здесь жили Пушкин, Бунин, Андрей Белый, часто бывали Гоголь, Толстой, Чехов, Маяковский, Есенин, Блок, многие русские художники и композиторы. В 80—90-е годы нашего века, став пешеходным, Арбат превратился в самую независимую и свободолюбивую улицу Москвы. Здесь можно было делать то, чего в других местах Москвы не разрешалось: ходить по Арбату босиком, носить волосы любой длины и расцветки, петь и танцевать, играть на гитаре и читать свои стихи, спорить о политике. Арбат превратился в «московский Монмартр» и до сих пор остаётся одним из самых неформальных мест столицы.

Как любая центральная улица большого города, Арбат живёт и развивается по мало кому понятным законам. Может быть, в будущем он опять станет более интеллектуальным и утончённым местом. А может, наоборот, окончательно превратится в большую сувенирную лавку — угадать невозможно. Гарантировать с уверенностью можно только одно: солнце по-прежнему будет всходить над рестораном «Прага» и садиться за метро «Смоленская».

I. Ответьте на вопросы.

1. Как москвичи относятся к Арбату?
2. Почему эта улица называется именно так?
3. Как вы думаете, почему коренным арбатцам не нравится их модернизированная улица?
4. Чем интересен Арбат сейчас?

II. Как вы понимаете слова и словосочетания:

историческая застройка, пешеходная зона, переулок, коренной арбатец, архитектурный ансамбль, жилой квартал, лавка, босиком.

III. Расскажите об истории улицы Арбат.

IV. Сравните две московские улицы: Старый Арбат и Новый Арбат.

V. «Московский Монмартр» — так тоже иногда называют Арбат. Почему?

VI. Опишите пешеходную улицу или зону в столице или крупном городе своей страны.

49 ПЕТЕРБУРГ

ПЕТЕРБУРГ — лучшее творение Петра Первого — поразительный и таинственный город. В мире есть только несколько городов, подобных ему: не выросших естественно из старой крепости, а созданных волей одного человека.

Почему именно на этом месте Пётр решил построить новый город? На эту территорию славяне начали приходить ещё в VIII—IX веках. Они приходили с юга и поселялись небольшими посёлками между другими племенами, уже жившими там. Жили они мирно и дружно, постепенно все слились в один народ. Племена занимались охотой, рыболовством, судоходством, разными ремёслами и самое главное — торговлей, используя реки, заливы и каналы. Эта земля была известна своим богатством. Край был богат лесом, пушниной, мёдом, льном, а также имел огромную стратегическую важность. Для России это было «окно в Европу», а для немцев и шведов — путь на юг и восток. С XIII века за владение этой богатой землёй начались войны. В результате этих войн Россия потеряла выход к Балтийскому морю, Рижскому заливу, реке Неве, а это означало изоляцию России от европейских государств.

В 1682 году царём стал Пётр Первый. С этого момента начался новый период в истории России. Молодой царь сразу понял необходимость для России получить доступ к морю. В 1700 году началась 20-летняя Северная война со Швецией. А весной 1702 года, Пётр, захватив небольшой участок этой территории, решил строить здесь крепость.

Плавая на корабле по Неве, Пётр с удовольствием осматривал её берега. Ему очень нравился вид: сильное течение дикой реки, сотни островов, десятки каналов. «Чудесное место! Настоящий рай!» Так царь принял решение заложить в этом месте крепость как защиту от шведов.

Первоначально Пётр не думал о строительстве домов в этом районе. Он начал с построения крепости на острове Заячий и дал ей имя Святого Петра. Позднее это имя получил весь город. Однако потом Пётр решил, что это идеальное место для строительства новой столицы России, которая должна была стать символом проводимых царём решительных реформ. Пётр не любил Москву, в детстве ему пришлось пережить много страшных и незабываемых минут в старой столице. Поэтому со свойственным ему энтузиазмом Пётр взялся за строительство своей новой столицы. Город стоял на прекрасной реке Неве, близко к морю и напоминал Петру европейские Амстердам и Венецию. Были приглашены лучшие талантливейшие европейские архитекторы. Пётр не жалел денег. Город рос неповторимо прекрасным и величественным, но в то же время не теряющим связи с традициями русского градостроительства.

Тысячи крестьян и наёмных рабочих день и ночь трудились на строительстве города. Условия для жизни были плохими, климат холодный, влажный, ветреный. Люди болели и умирали. Но на их место присылались новые. Появились первые постоянные жители, начали строиться церкви, дома богатых людей, государственные учреждения. В 1712 году в Петербург переехал царский двор. С этого момента Петербург принято считать столицей Российской империи.

Петербург расположен на 42 островах, соединённых мостами. Камень и вода — вот что сразу бросается в глаза в Петербурге, гармоническое единство архитектурных комплексов, воды и воздушного пространства. Когда Россия после окончания Северной войны получила выход к морю и стала морской державой, Петербург был украшен 32-метровыми ростральными колоннами, как символами победы молодого русского флота. До середины XIX века эти колонны служили также маяками.

Первый музей Петербурга — Кунсткамера — был также и первым музеем всей России. Он был основан Петром, чтобы «изучать живую и мёртвую природу и искусство человеческих рук». Первые экспонаты были из частной коллекции самого Петра: чучела животных и птиц, редкие монеты, анатомические экземпляры, минералы, оружие, камни, книги и другие вещи были собраны любознательным царём. Коллекция была размещена в специально построенном для неё здании на Васильевском острове — первоначально Пётр предполагал, что здесь будет центр города. Сейчас это — один из многочисленных музеев города.

Бронзовый Всадник — монумент Петра Первого, созданный французским скульптором Фальконе в 1782 году стал символом Петербурга.

Практически все архитектурные тенденции мировой и русской архитектуры представлены в Петербурге. Исторический центр города очень интересен своими архитектурными ансамблями, построенными в XVIII и XIX веках, когда Петербург был столицей и местом, где жили цари и наиболее богатые люди России. Великие архитекторы Растрелли, Карло Росси, Андрей Захаров и другие создали уникальные неповторимые композиции.

Исаакиевский собор, Адмиралтейство, Зимний дворец, Казанский собор, храм Спаса-на Крови — о каждом из этих произведений можно рассказывать часами и о них написаны сотни книг.

Государственный музей Эрмитаж — один из самых больших музеев мира. Его богатства хранятся в пяти дворцах. Главный из них — Зимний дворец (архитектор Растрелли) — огромный архитектурный комплекс, «город внутри города». Более ста чудесных статуй украшают крышу этого здания. Дворец был построен для русских царей в 1762 году, а вскоре царица Екатерина Великая начала собирать в нём лучшие произведения русского и мирового искусства. Раньше во дворце находились жилые комнаты императорской семьи, залы для балов и приёмов, в дворцовый комплекс входили также две церкви, сады, телеграф, квартиры охранников, а также многочисленные служебные помещения — кухни, прачечные, конюшни, кладовые. Сейчас всё это отдано музею Эрмитажу.

Больше двух миллионов картин, статуй, гобеленов, ковров, изделий из хрусталя, золота, серебра, цветного камня вы можете увидеть в этом музее. Эрмитаж, его залы, лестницы, содержащиеся в нём бесценные коллекции, производят незабываемое впечатление.

Прекрасны петербургские сады и парки. Самый старый и самый известный из них — Летний сад — был заложен в 1704 году. Пётр Первый сам выбрал место для будущего сада и сам посадил в нём первые растения.

Главная улица Петербурга — Невский проспект — была проложена как дорога через густой болотистый лес. Улица была широкой и длинной с самого начала. Во время правления Екатерины Великой она превратилась в самую красивую и известную в городе. На ней были построены прекрасные здания, дворцы, церкви, торговые ряды.

К середине XIX века Петербург получил репутацию одной из самых великолепных, блистательных и элегантных столиц мира. Таким он был до революции 1917 года. В 1918 году столица была перенесена в Москву, и для города на Неве наступили не самые лучшие времена. Многие здания Петербурга требуют капитального ремонта и больших денежных вложений. Однако многое делается для того, чтобы сохранить для потомков этот уникальный город таким же прекрасным, как он был задуман и построен.

Петербург — город контрастов. Он был таким на протяжении всей своей истории. Роскошь и блеск царского двора и нищета обычного народа — главное противоречие города. Много захватывающих, таинственных, прекрасных и трагических страниц хранит история города. Почитайте русскую историю XVIII и XIX веков, пройдите по петербургским улицам, представьте себе далёкие события, происходившие здесь когда-то... И вы почувствуете «дыхание истории». А сколько великих людей жили здесь и создавали свои произведения!

Нельзя не сказать несколько слов о петербургских пригородах. Петергоф — летняя резиденция русских царей находится в 20 километрах к югу от Петербурга на берегу Финского залива. Это самый красивый из петербургских пригородов. Там находится несколько дворцов с прекрасными музеями, уникальная система фонтанов. Город Пушкин (Царское Село) — Пётр Первый построил здесь небольшой дворец и подарил его своей жене Екатерине Первой. Позднее его получила в наследство их дочь Елизавета. Весёлая царевна любила охотиться и развлекаться здесь в компании своих друзей. Став царицей, она не забыла свой загородный дом, где провела счастливое детство. Она заказала архитектору Растрелли большой прекрасный дворец, похожий на сказочное видение, который до сих пор привлекает внимание туристов со всего мира. В Царском Селе учился в Лицее Пушкин, в тишине, поэтичности и красоте этого пригорода формировался гений великого русского поэта, память о котором город бережно хранит и имя которого сейчас носит.

I. Ответьте на вопросы.

   1. Чем занимались племена, жившие на месте современного Петербурга?

   2. Почему ещё в XIII веке велись войны за эти земли?

   3. Для чего Петру Первому был нужен доступ к морю?

   4. Почему царь Пётр решил строить новую столицу на севере?

   5. Как строился город?

   6. Что вы можете рассказать о пригородах Санкт-Петербурга?

II. Как вы объясните слова и выражения:

творение, доступ к морю, окно в Европу, заложить крепость, градостроительство, капитальный ремонт, настоящий рай.

III. Знали ли вы раньше о Петербурге? Если да — откуда у вас эта информация?

IV. Опишите местоположение города.

V. Как вы понимаете выражение «Петербург — город контрастов»?

VI. Расскажите о достопримечательностях города.

50 РУССКИЕ СУВЕНИРЫ

 РЕДКИЙ иностранец уедет из России, не купив русский сувенир. В сувенирах — игрушках, украшениях — отражается история народа, его культура, национальные традиции. Из века в век, из поколения в поколение передаётся искусство создания предметов из дерева, кожи, керамики. Расскажем о некоторых русских сувенирах.

ХОХЛОМА. Недалеко от города Нижний Новгород, который стоит на великой русской реке Волге, есть село Хохлома, с давних времён оно известно на Руси. Здесь делают необыкновенно красивую деревянную посуду. В России всегда любили деревянную посуду и умели её делать. Но в Хохломе научились её очень красиво расписывать. Эта посуда имеет особый «золотой» цвет и очень красивый рисунок. Мастера имеют свои секреты и эти свои секреты передают только своим детям. Хохломская посуда уникальна и очень практична.

МАТРЁШКА. А вот без этого сувенира не уехал из России ни один её гость. Многие считают матрёшку древней игрушкой. Но на самом деле матрёшка появилась только в конце XIX века, ей только около ста лет. В конце XIX века в руки художников попала деревянная японская кукла. В большой фигурке было несколько маленьких — целая семья. Идея создания куклы очень понравилась. Пригласили хорошего мастера, вручную была сделана первая модель — деревенская девочка. Ей дали деревенское имя — Матрёна, Матрёшка.

Прошли годы, и у Матрёшки появилось множество братьев и сестёр, которые разъехались по всему миру. В любом доме матрёшки создают особое весёлое и праздничное настроение, радуют и детей, и взрослых.

Матрёшка легко открывается. Вы открываете первую — и видите внутри вторую, точно такую же, но поменьше. И так далее — от трёх до десяти и больше штук.

ПАЛЕХ. В дорогих ювелирных магазинах мира можно увидеть прекрасную вещь — миниатюрную чёрную шкатулку, на которой нарисованы удивительные картинки в сказочной условной форме. Это работа мастеров из небольшого русского села Палех. В селе Палех с давних времён писали иконы. После революции, когда церкви были закрыты, палехские мастера, используя свои умения и профессиональные секреты, начали делать коробочки, броши, шкатулки. Они рисовали сюжеты из русских сказок, пейзажи, фантастических животных, исторические сцены. Всё могут нарисовать палехские мастера.

Миниатюрная живопись неповторима, уникальна, а потому дорого стоит. Краски берутся особенные, их готовят на курином желтке. А золотую краску делают из очень тонких листов золота.

ДЫМКОВСКАЯ ИГРУШКА. Эти игрушки привлекают внимание своими яркими красками и простотой. Весело смотреть на них. Вот женские фигурки в ярких пёстрых юбках и кофтах. На щеках румянец, как два красных яблока. У одной в руках зонтик, у другой — ребёнок, у третьей — курица. Мужские фигурки часто юмористические. Вот парень в красной рубашке с балалайкой в руках едет на жёлтой свинье. А вот смешные и непонятные животные, например, лошадь с тремя головами. Откуда идут традиции этих игрушек — загадка. Дети в них не играют. Скорее всего, эти фигурки пришли к нам из тех времён, когда Россия была языческой. Такие глиняные фигурки находят археологи при раскопках древнего Киева и Новгорода.

ГЖЕЛЬ. Гжель — это место к юго-востоку от Москвы, традиционный центр керамической промышленности. Уже в XVII веке тут нашли прекрасную глину удивительной белизны, из которой начали делать различные изделия. Но при слове «гжель» мы прежде всего представляем себе своеобразную, непохожую ни на какую другую чудесную бело-голубую посуду. Она удивляет людей своей простотой и загадочностью.

Путь развития этого промысла был непрост. В начале XX века Гжель пережила кризис. Старые художники умирали, секреты забывались. Но в последующие десятилетия этот промысел стал возрождаться. Белые с синим чашки и чайники, вазы, сахарницы, маслёнки, кувшины (всего фирма «Гжель» выпускает 350 наименований разных изделий) украсят любой дом. Русские гордятся гжелью. Это ценность реальная, проверенная веками. Сейчас она — в зените славы. Купить настоящую гжель почти невозможно. Предприимчивые художники продают подделки под гжель, но разве можно их сравнить с настоящими образцами этого промысла — самой яркой поэтической страницей в истории русского фарфора!

I. Ответьте на вопросы.

1. Почему иностранцы покупают русские сувениры?
2. Хохломская посуда: что она собой представляет?
3. Без какого сувенира не уезжает из России ни один её гость?
4. Что вы знаете о Палехе?
5. Как выглядит дымковская игрушка?
6. Какую посуду называют поэтической страницей в истории русского фарфора?

II. Восстановите ситуации, в которых употреблялись слова и словосочетания:

расписывать посуду, румянец, сделать игрушку вручную, пережить кризис, зенит славы, подделка, поэтическая страница.

III. Привозили ли вы в подарок своим родным и друзьям сувениры из России? Если да — какие?

IV. Как вы думаете, почему люди покупают сувениры? Что в сувенирах привлекает нас?

РУССКО-АНГЛО-ФРАНЦУЗСКИЙ СЛОВАРЬ

LIST OF ABBREVATIONS
LISTE DES ABBRÉVIATIONS

f., feminine — женский род (féminin)
imp., imperfective — несовершенный вид (imperfectif)
m., masculine — мужской род (masculin)
n., neuter — средний род (neutre)
p., perfective — совершенный вид (perfectif)
pl., plural — множественное число (pluriel)

Абсолюти́зм absolutism // absolutisme
агресси́вный aggressive // agressif
агроно́м agronomist // agronome
азиа́тский Asian // asiatique
акаде́мик Academician // académicien
акаде́мия Academy // académie
аку́ла shark // requin
а́лгебра algebra // algèbre
алле́я path, walk // allée
анса́мбль *m* ensemble // ensemble
апельси́н orange // orange
арестова́ть *p, imp* аресто́вывать to arrest // arrêter
а́рмия army // armée
ассоции́роваться *imp* to be associated // s'associer
астроно́м astronomer // astronome
атланти́ческий Atlantic // atlantique

База́р market // marché
бакенба́рды *pl* wickers // favoris
бал ball // bal
балала́йка balalaika // balalaïka
бараба́н drum // tambour
баталья́он battalion // bataillon
ба́шня tower // tour
бегемо́т hippopotamus // hippopotame
бе́гство running away // fuite
бедня́к poor man // pauvre
безграни́чный boundless, limitless // illimité, infini
безопа́сный safety // sûr
беле́ть *imp, p* побеле́ть to show white // blanchir
белизна́ whiteness // blancheur
бе́режно carefully // avec précaution
берёза birch // bouleau
бесе́дка (wicket-) gate // pavillon
бесконе́чно endlessly // infiniment

бескра́йний boundless // infini, sans bornes
беспла́тно free // gratuitement
беспоко́ить *imp, p* побеспоко́ить to disturb // inquiéter
беспристра́стно impartial, unbiased // impartialement
бессме́ртный immortal // immortel
бессмы́сленный senseless // dénué de sens, absurde
бесцве́тный colorless // fade, terne
бить *imp, p* проби́ть to strike // frapper, battre
би́ться *imp, p* заби́ться to beat // battre
благогове́ть *imp* to admire, to worship // vénérer
благодаря́ thank to; because of // grâce à
благополу́чно safely // heureusement
блесте́ть *imp, p* блесну́ть to shine, to glitter // briller
ближа́йший the nearest // le plus proche, voisin
блин pancake // crêpe
блока́да blockade // blocus
богаты́рь *m* strong man // preux
бога́ч rich man // richard
боле́знь *f* illness // maladie
боле́ть 1 *imp* to be ill; *p* заболе́ть to fall ill // être malade, souffrir
боле́ть 2 *imp, p* заболе́ть to ache, to hurt // faire mal, avoir mal
боло́тистый marshy, boggy, swampy // marécageux
бомби́ть *imp* to bomb // bombarder
борода́ bear // barbe
борода́ч beard man // homme à barbe
босико́м barefoot // pieds nus
Босфо́р Bosphorus // Bosphore
бота́ника botany // botanique
боя́рин boyar // boyard
боя́ться *imp* to be afraid of, to fear // avoir peur
брак marriage // mariage
брасле́т bracelet // bracelet
бри́тва razor // rasoir
брить *imp, p* побри́ть to shave // raser
броди́ть *imp* to wander // flâner, errer
бро́сить *p, imp* броса́ть to throw // jeter, lancer; abandonner
бро́ситься *p, imp* броса́ться to throw oneself, rush // se jeter
брошь *f* brooch // broche
бунт rebellion, revolt // émeute, révolte

бы́вший former // ancien
быт way of life, everyday life // vie quotidienne

Ваго́н (railway-) carriage; van // wagon
ва́за vasa // vase *m*
ва́нна bath // salle de bains
вари́ть *imp, p* **свари́ть** to boil // faire cuire
вдали́ far away // au loin
ведро́ bucket // seau
везти́ *imp, p* **повезти́** to carry (in a vehicle) // conduire, mener (en voiture)
век century // siècle
вели́кий great // grand
великоду́шный magnanimous, generous // généreux
венча́ние wedding, coronation // couronnement; mariage
ве́ра belief // foi
ве́рность *f* faithfulness // fidélité
верну́ть *p, imp* **возвраща́ть** to return // rendre
ве́рный faithful, loyal; reliable // fidèle
вероя́тно probably // probablement
ве́рсия version // version
верши́на top // sommet
вес weight // poids
весе́лье gaiety // gaieté
вести́ (себя́) *imp, p* **повести́ (себя́)** to behave oneself // se conduire, se comporter
вести́ *imp, p* **повести́** to drive // conduire
ве́тка branch // branche
ве́треный windy // il y a du vent
вечнозелёный evergreen // toujours vert
ве́шние: ве́шние во́ды spring water // eaux de printemps
вещь *f* thing // chose, objet
взаи́мность *f* reciprocity // réciprocité
взро́слый grown-up, adult // adulte, grand
взъеро́шенный tousled // rebroussé, ébouriffé
вид: де́лать вид to pretend // faire semblant
вино́ vine // vin
витри́на shop-window // vitrine
вкус taste // goût
владе́ние possession // possession

9 – 139

вла́ствовать *imp* to rule // avoir du pouvoir; régner; gouverner
владе́лец owner // possesseur
вла́стный imperious // autoritaire
власть *f* power up // pouvoir
влия́ние influence // influence
влюбля́ться *imp*, *p* влюби́ться to fall in love // tomber amoureux
влю́бчивый susceptible // qui s'amourache facilement
вме́сто instead // au lieu de
вме́шиваться *imp*, *p* вмеша́ться to interfere // se mêler, intervenir
внебра́чный extra-marital, born outside wedlock // (enfant) illégitime
вне́шний outer, exterior; external // extérieur
вне́шность *f* appearance // physique; apparence
внутри́ inside // à l'intérieur de
во́время in time // à temps
водопрово́д water-pipe // canalisations
водоро́д hydrogen // hydrogène
вое́нный military // militaire
воз cart // chariot, char
возгла́вить *p*, *imp* возглавля́ть to head // être à la tête
возмо́жно possibly, perhaps // il est possible
возмо́жность *f* opportunity // possibilité
во́зраст age // âge
возрожда́ть *imp*, *p* возроди́ть to restore // faire renaître, ressusciter
война́ war // guerre
во́йско host // troupe
вокза́л railway station // gare
волочи́ть *imp* to drag // traîner
вольнолюби́вый freedom-loving // épris de liberté
вообража́емый imaginary // imaginaire
вопреки́ despite // en dépit de
воробе́й sparrow // moineau
ворова́ть *imp*, *p* обворова́ть to steal // voler
воровство́ stealing // vol
воро́та *pl* gate // porte (cochère)
ворю́га (вор) thief // voleur
воспи́тывать *imp*, *p* воспита́ть to bring up // éduquer, élever
воспомина́ния *pl* recollection // souvenirs
восста́ние rising, insurrection // insurrection
восхища́ться *imp* to admire // admirer

восхо́д sunrise // lever
впереди́ in front, ahead // devant, en avant
впечатле́ние impression // impression
вполне́ quite // tout à fait, entièrement
враг enemy // ennemi
вручи́ть *p, imp* вруча́ть to hand, to deliver // remettre
вручну́ю by hand // à la main
всео́бщий general // universel
вскри́кнуть *p, imp* вскри́кивать to cry out // pousser un cri
всю́ду every // partout
вы́бор choice // choix
вы́вод conclusion // conclusion
вы́глядеть *imp* to look // avoir l'air
вы́годный advantageous // avantageux
выдаю́щийся outstanding // éminent, remarquable
вы́звать *p, imp* вызыва́ть to call // appeler
выи́грывать *imp, p* вы́играть to win // gagner
вы́лечить *p, imp* выле́чивать to cure // guérir
вы́мысел fantasy // imagination
вы́мыть *p, imp* мыть to wash // laver
вы́нужден, -а compulsory, forced // forcé(e)
вы́пить *p, imp* выпива́ть to enjoy drink // boire
выплыва́ть *imp, p* вы́плыть to come to surface // remonter à la surface
вы́рвать *p, imp* вырыва́ть to pull out // arracher
вы́тащить *p, imp* выта́скивать to pull out // tirer
вы́теснить *p, imp* вытесня́ть to exclude // supplanter; déloger
вы́ходка trick // truc

Γ алере́я gallery // galerie
гастро́ли *pl* tour; guest-appearance // tournée
генера́л general // général
гене́тик genetician // généticien
ге́ний genius // génie
географи́ческий geographical // géographique
гео́лог geologist // géologue
геоме́трия geometry // géométrie
герб arms, coat of arms // armoiries, armes
гла́вное the main thing // le principal, l'essentiel

глúна clay // argile
глотáть *imp, p* **глотнýть** to swallow // avaler
глубинá depth // fond
глубокó deeply // profondément
глýпость *f* foolishness // bêtise, sottise
гнездó nest // nid
головнóй: головнóй мозг brain // encéphale
голодáть *imp* to hunger // souffrir de la faim
гóлос voice // voix
голубóй light blue // bleu (clair)
гóлый naked // nu
гондóла gondola // gondole
гордúться *imp* to be proud // être fier de
гóрец high-lander // montagnard
гóречь *f* bitterness // amertume
горизóнт horizon // horizon
гóрный: гóрное дéло mining // industrie minière
городóк town // petite ville
горю́чий scalding, bitter // triste
горя́чий hot-headed // chaud
гóспиталь *m* hospital // hôpital
гость *m* guest // hôte
госудáрство state // État
грáдус degree // degré
гражданúн citizen // citoyen
грáмотный educated // compétent
гранáта shell, grenade // grenade
гранúтный lapidary // de granit
граф earl, count // comte
грозá (thunder) storm // orage
грустúть *imp, p* **загрустúть** to pine for // être triste
густóй thick // dense

Д**áльний** far // éloigné
Дáльний Востóк Far East // Extrême-Orient
дáльше farther; further; then // plus loin
дáнность *f* given // donnée
дáта date // date

132

да́ча dacha, country-cottage // datcha, maison de compagne
дви́гаться *imp* to move // se déplacer
дворе́ц palace // palais
дворя́нский nobiliary // noble
Дед Моро́з Santa Claus // Père Noël
де́йствие action // action
действи́тельно really; indeed // en effet, réellement
делово́й business-like // d' affaires
дельфи́н dolphin // dauphin
деревя́нный wooden // de bois
держа́ть *imp, p* подержа́ть to hold, to keep // tenir
де́спот despot // despote
де́ятель *m* statesman // homme, personnalité
джу́нгли *pl* jungle // jungle
диале́кт dialect // dialecte
диа́метр diameter // diamètre
ди́кий wild // sauvage
дипломати́ческий diplomatic // diplomatique
дирижёр conductor // chef d'orchestre
дичь *f* game // gibier
длина́ length // longueur
дно bottom // fond
добра́ться *p, imp* добира́ться to get // parvenir
до́брый kind // bon
дове́рие trust // confiance
догада́ться *p, imp* дога́дываться to guess // deviner, supposer
дога́дка surmise, conjecture // supposition
догово́р treaty // contrat
договори́ться *p, imp* догова́риваться to arrange // se mettre d'accord
доказа́ть *p, imp* дока́зывать to prove // prouver
докла́д report // rapport
докуме́нт document, paper // document; papiers
долг debt // dette
доли́на valley // vallée
доро́га way; road // route; chemin
доро́жка path // chemin; allée
достава́ть *imp, p* доста́ть to get // prendre; tirer; atteindre
достига́ть *imp, p* дости́гнуть, дости́чь to attain, to achieve // atteindre
досто́инство dignity // qualité; dignité

досто́йный worthy // digne
до́ступ access // accès
драгоце́нный precious; valuable // précieux
драмати́ческий dramatic // dramatique
драть *imp*: **драть за́ уши** to jar on // tirer les oreilles
дре́вний ancient // ancien; antique
дрема́ть *imp, p* **задрема́ть** to doze // somnoler; sommeiller
дрова́ *pl* fire wood // bois
дрожа́ть *imp, p* **дро́гнуть** to tremble, to quiver // trembler
дружи́ть *imp* to be friends // être ami(s)
дупло́ hollow // creux
дуть *imp, p* **поду́ть** to blow // souffler
дух spirit; mind // esprit
души́стый fragrant; sweet-scented // odorant; parfumé
дуэ́ль *f* duel // duel
дым smoke // fumée
ды́рка hole // trou

Европе́ец Europinian // européen
еда́ food; meal // repas; nourriture
е́ле hardly // à peine
ёлка fir-tree // sapin
ело́вый fir // de sapin
ерунда́ nonsense // bêtise, absurdité, bagatelle
естествозна́ние (natural) science // sciences naturelles
ехи́дно spitefully // caustiquement

Жа́жда thirst // soif
жа́лкий pitiable // pitoyable
жа́лко to be pity // avoir pitié (de)
жа́реный fried // frit
жела́ние wish // désir
жела́ть *imp, p* **пожела́ть** то wish // désirer
желе́зо iron // fer
желто́к yolk // jaune d'œuf
желу́док stomach // estomac
жёмчуг pearl // perles

134

жени́х fiance, bridegroom // fiancé
же́нский woman's // féminin
же́ртвовать *imp, p* **пожéртвовать** to sacrifice // sacrifier
жесто́ко cruelly // cruellement
живо́й vivid; alive, live // vif
жи́вопись *f* painting // peinture
живо́тное animal // animal
жи́зненный life // vital
жира́ф jiraphee // girafe

З

За 1. behind, beyond; 2. for // derrière
за грани́цей abroad // à l'étranger
заба́вный amusing // amusant
забо́та concern // souci; soin
завали́ть *p, imp* **зава́ливать** to block up // combler; encombrer
заверну́ть *p, imp* **завора́чивать** to wrap up // envelopper
завеща́ние testament // testament
зави́симость *f* dependence // dépendance
за́висть *f* envy // envie
завоева́ть *p, imp* **завоёвывать** to gain, to win // conquérir
зага́дка riddle // devinette
зага́дочный mysterious // énigmatique
загова́ривать *imp, p* **заговори́ть** to begin to talk // commencer à parler
за́говор plot, conspiracy // complot, conspiration
загоре́ть *p, imp* **загора́ть** to burn // brunir, bronzer
задиристый cocky // batailleur
заду́маться *p, imp* **заду́мываться** to become thoughtful // rester pensif
заду́мчивый thoughtful // pensif
зажига́ть *imp, p* **зажéчь** to set fire, to light // allumer
заказа́ть *p, imp* **зака́зывать** to order; reserve, book // commander
закати́ться *p, imp* **зака́тываться** to vanish, to disappear // s'éteindre
зако́н law // loi
закуси́ть *p, imp* **заку́сывать** to have a bite // manger sur le pouce
зал hall // salle
зале́зть *p, imp* **залеза́ть** to get in // monter, grimper
зали́в bay // golfe
заложи́ть *p*: **заложи́ть осно́вы** to bas // mettre; faire les fondations
замерза́ть *imp, p* **замёрзнуть** to freeze, to be frozen // geler

заме́тить *p, imp* замеча́ть to notice // remarquer
заме́тка note // note
замеча́ние remark // remarque
за́муж: вы́йти за́муж to marry (of a woman) // se marier
за́мужем married // mariée
заня́тие occupation // occupation
заня́ть *p, imp* занима́ть: заня́ть вре́мя to take time // occuper
запа́с reserve; stock // provision; réserve
запека́ть *imp, p* запе́чь to bake // cuire
записа́ть *p, imp* запи́сывать to note // noter, inscrire
запи́ска note // note
за́пись *f* recording; writing down // inscription
заплати́ть *p, imp* плати́ть to pay // payer
заплы́в heat // course
запреща́ть *imp, p* запрети́ть to prohibit // interdire, défendre
запусти́ть *p, imp* запуска́ть to launch // lancer
за́росли *pl* brushwood // broussailles
заслони́ть *p, imp* заслоня́ть to shield // cacher
заслу́живать *imp, p* заслужи́ть to deserve // mériter
засну́ть *p, imp* засыпа́ть to fall asleep // s'endormir
заставля́ть *imp, p* заста́вить to make // obliger, faire
застро́йка buildind // bâtiment
захвати́ть *p, imp* захва́тывать to capture // prendre, s'emparer de
заходи́ть *imp, p* зайти́ to come, to drop in // passer chez qn
зашуме́ть *p, imp* шуме́ть to make a noise // faire du bruit
за́яц hare // lièvre
зва́ние title // titre; grade
зверь *m* wild animal // animal
звоно́к ring // sonnerie, sonnette
звуча́ть *imp, p* прозвуча́ть to sound; to be heard // résonner
зде́шний local // d'ici
здоро́вье health // santé
земледе́лие farming, agriculture // agriculture
землетрясе́ние earthquake // tremblement de terre
земно́й: земно́й шар the globe // globe terrestre
зени́т zenith // zénith
зе́ркало mirror // miroir
зерно́ grain // grain
зло́ба malice; spite // méchanceté

золото́й gold // en or, d' or
зре́ние eyesight // vue
зри́мый visible // visuel

И так да́лее and so on // etc

игнори́ровать *imp, p* **проигнори́ровать** to ignore // ignorer
игру́шка toy // jouet, joujou
идеализи́ровать *imp* to idealize // idéaliser
избега́ть *imp, p* **избежа́ть** to avoid // éviter, échapper
избра́ть *p, imp* **избира́ть** to elect; to choose // élire; choisir
изве́стный famous; well-known // connu
изда́ть *p, imp* **издава́ть** to publish // publier, éditer
изде́лие article // article
изме́нчивый changeable // changeant
изменя́ть *imp, p* **измени́ть** change // changer
изобража́ть *imp, p* **изобрази́ть** to depict // représenter
изобрази́тельный: изобрази́тельное иску́сство fine art // arts plastiques
изобрести́ *p, imp* **изобрета́ть** to invent, to devise // inventer
изобрете́ние invention // invention
из-под from under // de dessous
изя́щный elegant // élégant
ико́на icon // icône
име́ние estate, country property // propriété
и́мидж image // image
импе́рия empire // empire
импера́тор emperor // empereur
импоза́нтный imposing // imposant
ина́че differently, otherwise // autrement
инвали́д cripple // invalide, infirme
инде́ец Indian // Indien
интеллиге́нтный intelligent // intelligent
интересова́ться *imp, p* **заинтересова́ться** to be interested // s'intéresser
иска́ть *imp* to look for // chercher
иску́сство art // art
испаря́ться *imp, p* **испари́ться** to be evaporated // s'évaporer
испра́вить *p, imp* **исправля́ть** to correct // corriger
исправля́ться *imp, p* **испра́виться** to improve // se corriger
испу́ганный frightened // effrayé

испуга́ться *p, imp* пуга́ться to be frightened // avoir peur
испы́тывать *imp, p* испыта́ть to feel // essayer
исто́рик historian // historien
исто́чник spring // source
исче́знуть *p, imp* исчеза́ть to disappear // disparaître
иуде́й Jew // Juif

Кавка́з Caucasus // Caucase

ка́жется it seems // il semble
каза́к Cossack // cosaque
каза́ться *imp, p* показа́ться to seem // paraître, sembler
каза́хский Kazakh // kazakh
казна́ treasury // trésor
казни́ть *p* to execute // exécuter
Каи́р Cairo // Le Caire
как то́лько as soon as // dès que
календа́рь *m* calendar // calendrier
кали́тка gate // petite porte
Камча́тка Kamchatka // Kamchatka
камы́ш reed // jonc, roseau
кани́кулы *pl* vocation; holidays // vacances
капита́н captain // capitaine
капу́ста cabbage // chou
кари́бский Caribbean // Caraïbes
карма́нный pocket // de poche
карто́фелина potato // pomme de terre
карто́фель *m* potatoes // pommes de terre
Каспи́йское мо́ре Caspian Sea // mer Caspienne
кастрю́ля saucepan // casserole
катастрофи́ческий catastrophic // catastrophique
ка́торга penal servitude, hard labor // bagne
кафе́ cafe // café
кача́ть *imp, p* качну́ть to swing // balancer
кенгуру́ *m* kangaroo // kangourou
кера́мика ceramics // céramique
кинотеа́тр cinema theater // cinéma
Кипр Cyprus // Chypre
кирпи́ч brick // brique

кислоро́д oxygen // oxygène
кисть *f* hand // pinceau
клад treasure // trésor
кладова́я larder, pantry // débarras
клин: боро́дка кли́ном wedge-shaped / pointed beard // barbe à une pointe
ключ key // clé
княжна́ princess // princesse
когда́-либо ever; some time // un jour
ко́декс code; codex // code
ко́жа leather // cuir
коли́чество quantity // quantité
колле́кция collection // collection
кольцо́ ring // anneau; bague
комме́рческий commercial // commercial
компа́ния company // compagnie
ко́нка horse tramway // omnibus
консервато́рия conservatoire // conservatoire
конспе́кт summery, abstract // résumé, abrégé
конфе́та sweet // bonbon
конь *m* horse // cheval
коньки́ *pl* skates // patins
коню́шня stable // écurie
координа́ты *pl* coordinate // coordonnées
ко́пия copy // copie
кораблестрое́ние shipbuilding // constructions navales
кора́бль *m* ship // navire, bateau
коренно́й: коренно́й жи́тель native // indigène, aborigène
корми́ть *p, imp* покорми́ть to feed // nourrir
коро́бка cartoon // boîte
коро́ль *m* king // roi
ко́ротко briefly // brièvement, en bref
коры́то wash-tub // cuve à lessive
коси́чка plait // natte, tresse
костёр fire // feu de bois
кот tom-cat // chat
котёл cauldron // chaudron
ко́фта blouse // jaquette; tricot
край land // pays, région
кра́ска paint // couleur

краснощёкий red-cheek // aux joues vermeilles
красота́ beauty // beauté
кра́сться *imp, p* **подкра́сться** to creep // marcher à pas de loup
кре́пкий sturdy // solide; fort
кре́пость *f* fortress // forteresse
крести́ть *imp, p* **окрести́ть** baptize // baptiser
кри́зис crisis // crise
Крит Crete // Crète
кровь *f* blood // sang
кроссво́рд crossword // mots croisés
круглоли́цый round-cheek // au visage rond
кру́пный big // gros
круто́й steep // abrupt
Крым the Crimea // Crimée
кувши́н pitcher // cruche
кудря́вый curly // frisé
ку́кла doll; puppet // poupée
кукуру́за corn // maïs
кула́к fist // poing
купа́ться *imp, p* **искупа́ться** to bathe // se baigner
купе́ц merchant // marchand
курга́н barrow // kourgane
кури́ный hen's // de poule
ку́рица hen // poule
кусо́к piece // morceau
куст bush // buisson
ку́ча heap // tas, amas

Ла́вка shop // petit magasin
лад way, manner // manière
ла́сково gently // avec douceur, amicalement
лев lion // lion
легенда́рный legendery // légendaire
лёд ice // glace
ле́звие blade // lame
леле́ять *imp* to cherish // chérir
лён flax // lin
лени́вый lazy // paresseux

лень *f* laziness // paresse
ле́ска fishing-line // fil, ligne
ле́стница stair, staircase // escalier
лёт: на лету́ in the air // à la volée
лете́ть *imp, p* полете́ть to fly // voler
лётчик pilot // aviateur
лече́ние treatment // traitement
лечь *p, imp* ложи́ться to lie down // se coucher
ли́нза lens // lentille
лиса́ fox // renard
литера́тор literary man // homme de lettres
литерату́рный literary // littéraire
лито́вский Lithuanian // lituanien
лихора́дка fever // fièvre
лице́й lyceum // lycée
лицо́ face // visage
ли́чность *f* personality; person // personne; personnalité
ли́чный private // personnel
лови́ть *imp, p* пойма́ть to catch // attraper
ло́гика logic // logique
ло́дка boat // canot
ло́же couch // couche
ложь *f* lie // mensonge
лук onion // oignon
лы́жи *pl* ski // skis
льди́на block of ice; ice-floe // bloc de glace
люби́мый favorite // préféré
любо́вь *f* love // amour
любозна́тельный desirous of knowledge // curieux
людое́д cannibal // cannibale

М

алоурожа́йный low-yield; low-harvest // de mauvaise récolte
мане́ра manner // manière
мануфакту́ра manufacture; textiles // manufacture, textile
маслёнка butter-dish // beurrier
ма́сло oil // beurre; huile
ма́стер foreman // maître
матери́к continent // continent

мгла haze // brume; ténébres
мёд hunny // miel
медве́дь *m* bear // ours
медици́нский medical // médical
ме́дный copper // de cuivre
ме́лочь *f* small things // menus objets
ме́стность *f* area, locality // lieu; région
месторожде́ние deposit // gisement
металлурги́я metal // métallurgie
мете́ль *f* snowstorm // tempête de neige
мех fur // fourrure
мечта́ dream // rêve
мешо́к bag; sack // sac
микроско́п microscope // microscope
ми́ля mile // mille
миниатю́рный miniature // en miniature
мировоззре́ние (world) outlook // conception du monde
многолю́дный crowded // populeux
многочи́сленный numerous // nombreux
мно́жество great number // quantité, multitude
моги́ла grave // tombe
могу́чий powerful // puissant, fort
могу́щественный powerful // puissant
мо́дно fashionable // à la mode
моза́ика mosaic // mosaïque
мо́крый wet // mouillé
мо́лния lighting // éclair
мо́лодость *f* youth // jeunesse
мо́лча silently // en silence
монасты́рь *m* monastery // monastère; couvent
моне́та coin // monnaie
морепла́ватель *m* navigator // navigateur
моро́женый icy // congelé, gelé
мотоци́кл motor-cycle // motocyclette
мра́морный marble // de marbre
мстить *imp, p* отомсти́ть to revenge oneself // venger
му́дрость *f* wisdom // sagesse
му́дрый wise // sage
му́жественный manly // courageux

мýжество courage // courage
мукá powder // farine
мусульмáнин Muslim // musulman
мучи́тельный worry // douloureux, pénible
мысль *f* thought // pensée
мя́гкий soft // mou
мяте́жник mutineer, rebel // émeutier, rebelle

Н

На́бережная embankment // quai
наблюдáть *imp* to observe // surveiller, observer
набóр set // assortiment
наве́рное probably, most likely // sans doute, probablement
наде́ть *p, imp* надевáть to put on // mettre
наде́яться *imp, p* понаде́яться to hope // espérer
назревáть *imp, p* назре́ть to become inevitable // se préparer
называ́ть *imp, p* назва́ть to name // nommer
наизу́сть by heart // par cœur
наименовáние name // dénomination
наказáние punishment // punition
накорми́ть *p, imp* корми́ть to feed // nourrir
налóг tax // impôt
нападáть *imp, p* напáсть to attack // attaquer
нарушáть *imp, p* нару́шить to break; to violate // violer, transgresser
наря́д attire // toilette, décoration
наря́дный well-dressed // élégant, paré
наряжáть *imp, p* наряди́ть to decorate // décorer
наслажде́ние delight, pleasure // délectation; jouissance
насле́дие: литерату́рное насле́дие legacy; heritage // héritage
насле́дник heir, legatee // héritier
насме́шливо mocking, derisive // narquois
насто́йчиво insistently // avec insistance
настрое́ние mood // humeur
наступи́ть *p, imp* наступáть to come // venir
нату́ра nature; kind // nature
нахáльный impudent // impertinent
нахóдка find // trouvaille
начи́танность *f* erudition // érudition
невероя́тный improbable; incredible // incroyable; invraisemblable

недово́лен, -льна displeased // mécontent (e)

недоста́ток defect // défaut; manque

недоуме́ние bewilderment, perplexity // perplexité

не́житься *imp* to bask // se dorloter, se prélasser

незави́симый independent // indépendant

не́который some // quelque, certain

некуря́щий non-smoker // non fumant

нелега́льный illegal // clandestin, illégal

нельзя́ is/are not aloud; it is impossible // on ne peut pas; il ne faut pas

ненави́деть *imp* to hate // haïr, détester

необходи́мый necessary // nécessaire

необыкнове́нный extraordinary, uncommon // extraordinaire

неотдели́мый inseparable // inséparable

неповтори́мый inimitable // incomporable; exeptionnel

неподви́жно immovable, motionless // sans bouger

непривы́чный unaccustomed // inhabituel, inaccoutumé

неприя́тность *f* unpleasantness // ennui, désagrément

непроходи́мый impassable // impraticable; impénétrable

нера́вный unequal // inégal

не́рвный nervous // nerveux

неслы́шно noiseless // sans bruit; légèrement

несправедли́во unfair // injustement

нести́ *imp, p* **понести́** to carry; to be carried // porter

несча́стье misfortune // malheur

нетерпе́ние impatience // impatience

неторопли́вый unhurried // lent; peu hâtif

неулови́мый difficult to catch // insaisissable; imperceptible

неутоми́мый tireless // infatigable

неую́тно uncomfortable // sans confort

нече́стность *f* dishonesty // malhonneur

ни́зко low // bas

нога́ foot, leg // pied, jambe

норве́жец Norwegian // Norvégien

носи́льщик porter // porteur

носи́ть *imp* to carry // porter

но́ты *pl* music // cahier de musique

ночева́ть *imp, p* **переночева́ть** to spend the night // passer la nuit

ня́ня nurse, nanny // nurse, bonne

Оа́зис oasis // oasis

обая́ние charm // charme

обвенча́ться *p, imp* венча́ться to be married, to marry // se marier

обвиня́ть *imp, p* обвини́ть to blame // accuser

обду́мывать *imp, p* обду́мать to think over // réfléchir

обега́ть *imp, p* обежа́ть to run round // passer en courant; faire le tour de

обеща́ть *imp, p* пообеща́ть to promise // promettre

облада́ть *imp* to possess // posséder

обма́н fraud // tromperie, mensonge

обма́нывать *imp, p* обману́ть to deceive // tromper

обнару́жить *p, imp* обнару́живать to discover // découvrir

обновле́ние renovation // renovation

обо́з string of carts // convoi, train

обраба́тывать *imp, p* обрабо́тать to cultivate // travailler, cultiver

о́бразность *f* imagery // image

образова́ние education // instruction

образова́ться *p, imp* образо́вываться to arise // se former

обра́тный return // de retour

обреза́ние circumcision // circoncision

обря́д rite; ceremony // cérémonie; rite

обстоя́тельство sircumstance // circonstance

обсуди́ть *p, imp* обсужда́ть to discuss // discuter, débattre

обще́ние intrcourse // relation(s), contact

обще́ственность *f* public // public, les milieux scientifiques

о́бщество society // société

объеда́ться *imp, p* объе́сться to overeat // trop manger

объедини́ть *p, imp* объединя́ть to unite // unir, unifier

объе́здить *p, imp* объезжа́ть to drive round; to go round; to travel over // contourner; parcourir

объе́кт object // objet

объяви́ть *p, imp* объявля́ть to declare // annoncer; déclarer

объясни́ться *p, imp* объясня́ться to explain oneself // s'expliquer

обыска́ть *p, imp* обы́скивать to search // fouiller, perquisitionner

обы́чай custom // coutume

обяза́тельно without fail; it is necessary // obligatoirement

огро́мный huge // énorme, immense

одарённый talented // doué

оде́ться *p, imp* одева́ться to dress // s'habiller

одина́ковый the same // le même, semblable
одино́кий lonely // seul
одино́чество loneliness // solitude
одино́чка person alone // seul
одновреме́нно simultaneously // en même temps, simultanément
однообра́зие monotony // monotonie
оживи́ться *p, imp* **оживля́ться** to be bucked up // s'animer
ожида́ние waiting // attente
озвере́вший brutalized // féroce; brutal
оказа́ться *p, imp* **ока́зываться** to turn out // se trouver
океа́н ocean // océan
окружа́ть *imp, p* **окружи́ть** to surround // entourer
окружа́ющий surrounding // environnant
окуна́ть *imp, p* **окуну́ть** to dip // plonger
оли́ва olive // olive
опа́сность *f* danger // danger
опера́ция operation // opération
опира́ться *imp, p* **опере́ться** to lean on // s'appuyer
опозда́ние lateness // retard
опроси́ть *p, imp* **опра́шивать** to question // questionner, interroger
опусти́ться *p, imp* **опуска́ться** to down // baisser
о́пыт experience // expérience
организо́вывать *imp, p* **организова́ть** to organize // organiser
оригина́льно originally // c'est très original
ору́жие weapon // arme(s)
освободи́ть *p, imp* **освобожда́ть** to free // libérer
оскорби́тельно insultingly, abusive // injurieusement; outrageusement
осмотре́ть *p, imp* **осма́тривать** to examine; to see // visiter, examiner
осно́ва basis // base
основа́тель *m* founder // fondateur
основа́ть *p, imp* **осно́вывать** to found // fonder
осо́бенно particularly // surtout, particulièrement
осо́бенность *f* peculiarity // particularité
осо́бый special // particulier
оста́вить *p, imp* **оставля́ть** to leave // laisser
остально́й the rest // le reste de
оста́тки *pl* remains // restes
о́стров island // île
осужда́ть *imp, p* **осуди́ть** to condemn // condamner

осуществи́ть *p, imp* осуществля́ть to realize // réaliser
отбро́сить *p, imp* отбра́сывать to throw away // rejeter
отвы́кнуть *p, imp* отвыка́ть to break oneself of // se déshabituer
отделе́ние department // section, département
отде́льный separate // séparé
отделя́ть *imp, p* отдели́ть to separate; to detach; to cut off // séparer
откры́тие discovery // découverte
отлича́ться *imp, p* отличи́ться to differ // se distinguer
отли́чник outstanding student // excellent élève
отмеча́ть *imp, p* отме́тить to mention // marquer
относи́ться *imp, p* отнести́сь to concern // se rapporter
отноше́ние attitude; relation // attitude; rapport; relation
отпра́виться *p, imp* отправля́ться to start // partir, se mettre en route
о́тпуск leave, holidays // congé, vacances
отража́ть *imp, p* отрази́ть to reflect // refléter
отра́щивать *imp, p* отрасти́ть to grow // laisser pousser
отремонти́ровать *p, imp* ремонти́ровать to repair // réparer
отрица́тельный negative // négatif
о́трок adolescent // adolescent
отсу́тствовать *imp* to be absent // être absent
отча́янный daredevil // désespéré
офице́р officer // officier
охо́та hunting // chasse
охо́титься *imp, p* поохо́титься to hunt // chasser
охо́тничий hunting // de chasse
охо́тно willingly // volontiers
охраня́ть *imp* to guard // garder
охра́нник guard // gardien
охри́пнуть *p* to become hoarse // être enroué
оце́нивать *imp, p* оцени́ть to appreciate // apprécier
очки́ *pl* spectacles // lunettes

Паке́т packet // paquet, colis
пала́та: Оруже́йная пала́та Armory // Palais des Armures
пала́тка tent // tente
пало́мничество pilgrimage // pèlerinage
па́льма palm // palmier
па́мять *f* memory // mémoire

пар steam // vapeur
парик wig // perruque
парламент parliament // parlement
парус sail // voile
пастор pastor // pasteur
пахнуть *imp, p* запахнуть to smell // sentir
пачка bundle; packet // paquet; liasse
певица singer // chanteuse
педагог pedagogue // pédagogue
пейзаж landscape // paysage
пенсия pension // pension
первоклассный first (rate) // de premier ordre
первоначальный primary // primitif, initial
пережить *p* to outlive // éprouver, supporter
перекупать *imp, p* перекупить to buy up // racheter
перемена change // changement
перемешиваться *imp, p* перемешаться to get mixed // mélanger, mêler
перепутать *p, imp* перепутывать to mix up // confondre; brouiller
перерасти *p, imp* перерастать to grow into // devenir plus grand que; dépasser
переспорить *p* to out-argue // prendre le dessus
перестать *p, imp* переставать to stop // cesser (de)
переулок side-street // ruelle
перец pepper // poivre; poivron
перечитать *p, imp* перечитывать to re-read // relire
песок sand // sable
пёстрый colorful // bariolé
печальный sad // triste
печатать *imp, p* напечатать to publish, to print // imprimer; taper; publier
печенье pastry; biscuit // biscuit
печка furnace // poêle; four
печь *imp, p* испечь to bake // faire cuire
пианистка pianist // pianiste
пилот pilot // pilote
писк squeak // piaillement
пистолет pistol // pistolet
пишущий: пишущая машинка typewriter // machine à taper
пища food // nourriture
планета planet // planète
плантация plantation // plantation

платóк kerchief // foulard, fichu
платфóрма platform // quai
плáтье dress // robe
плач crying // pleurs
плéмя *n* tribe // tribu
племя́нник nephew // neveu
плот raft // radeau
плóтник carpenter // charpentier
плóтно close // étroitement; fortement
пляса́ть *imp, p* спляса́ть to dance // danser
побéда victory // victoire
повернýть *p, imp* повора́чивать to turn // tourner
повéрхность *f* surface // surface
повлия́ть *p, imp* влия́ть to influence // influencer
поврежда́ть *imp, p* повреди́ть to damage // nuire, endommager
поги́бнуть *p, imp* погиба́ть to parish // périr
подборóдок chin // menton
подвóдный underwater // sous-marin
поддéлка imitation // imitation
подкрáсться *p, imp* подкрáдываться to steal up // s'approcher furtivement
подня́ть *p, imp* поднима́ть to lift; to raise // lever, soulever
подня́ться *p, imp* поднима́ться 1. to raise; 2. to go up; 3. to get up // monter; se lever
подóлгу for a long time // longtemps; des heures entières
пóдпол basement // cave; sous-sol
подреза́ть *imp, p* подрéзать to cut // couper
подрóбно in details // en détail
подря́д in succession; on end // de suite
подслýшивать *imp, p* подслýшать to overhear // écouter (aux portes), être aux écoutes
подхóд approach // approche
подчёркивать *imp, p* подчеркнýть to emphasize // souligner
подчини́ть *p, imp* подчиня́ть to place (under) // soumettre; subordonner
пожалéть *p, imp* жалéть to pity // plaindre, avoir pitié de qn
пожáр fire // incendie; feu
жени́ться *p* to get married // se marier
пожилóй elderly // âgé, d'un certain âge
пози́ция position // position
пóиск search // recherches, quête
покá while; for the present // pendant que, tandis que
поки́нуть *p, imp* покида́ть to leave // abandonner

поколе́ние generation // génération
покра́сить *p, imp* кра́сить to paint // peindre; teindre
покрыва́ть *imp, p* покры́ть to cover // couvrir
поку́пка purchase // achat
полёт flight // vol
полице́йский police // agent de police
полк regiment // régiment
полково́дец commander; general // commandant; général
по́лностью completely // complètement
по́лночь *f* midnight // minuit
по́лный full // plein
положи́тельный positive // positif
полоса́тый striped // rayé
полушу́бок sheepskin coat // pelisse courte
по́льза use // utilité; intérêt
поме́щик landlord // propriétaire (foncier)
помолча́ть *p, imp* молча́ть to keep silence // se taire; garder le silence
поп priest // prêtre orthodoxe
попа́сться *p, imp* попада́ться to be caught // être pris
попра́вить *p, imp* поправля́ть to set right // corriger
пора́: до сих пор till now // jusqu'à présent
поро́г rapid; threshold // seuil
поро́да breed // race
портре́т portrait // portrait
поря́док order // ordre
посвяти́ть *p, imp* посвяща́ть to devote // consacrer
посели́ться *p, imp* сели́ться to settle // s'établir (loger)
посети́тель *m* visitor // visiteur
поси́льный within one's power // à la mesure des forces
посла́нец envoy // envoyé; messager
после́дствие consequence // conséquence
посло́вица proverb // proverbe
посо́л ambassador // ambassadeur
поспе́шно hurriedly // précipitamment
поссо́риться *p, imp* ссо́риться to quarrel // se fâcher, se disputer
пост post // poste
постаре́ть *p, imp* старе́ть to grow older // vieillir
постепе́нно little by little // peu à peu
постоя́нный permanent // constant; permanent

150

посу́да plates and dishes // vaisselle
посчита́ть *p, imp* **счита́ть** to count // compter
посы́лка parcel // colis
потемне́ть *p, imp* **темне́ть** to get dark // s'assombrir
пото́мок descendant // descendant
потре́бность *f* necessity, need // besoin
потре́бовать *p, imp* **тре́бовать** to demand // demander; exiger
потряса́ющий staggering // foudroyant; déchirant
потяну́ть *p, imp* **тяну́ть** to pull // tirer
поучи́тельный instructive // instructif
похище́ние theft // vol; enlèvement
похо́ж, -а like, resembling // semblable, ressemblant (e)
похорони́ть *p, imp* **хорони́ть** to bury // enterrer
похуде́ть *p, imp* **худе́ть** to grow thin // maigrir
поцелова́ться *p, imp* **целова́ться** to kiss // s'embrasser
пошевели́ться *p, imp* **шевели́ться** to move, to stir // remuer
пошути́ть *p, imp* **шути́ть** to joke // plaisanter
прави́тельство government // gouvernement
пра́вить *imp* to rule // gouverner
пра́во right // droit
прагмати́чный pragmatic // pragmatique
практи́чный practical // pratique
превраща́ть(ся) *imp, p* **преврати́ть(ся)** to turn (into) // transformer
предложе́ние suggestion; proposition // proposition
предприи́мчивый enterprising // entreprenant
предсказа́ть *p, imp* **предска́зывать** to predict // prédire
представи́тель *m* representative // représentant
предста́ть *p, imp* **представа́ть** to appear // apparaître; se présenter
презира́ть *imp* to despise // mépriser
прекрати́ться *p, imp* **прекраща́ться** to stop // cesser; s'arrêter
пре́лесть *f* charm, fascination // charme
пре́мия honor // prix
преобража́ться *imp, p* **преобрази́ться** to transform // se transformer
преобразова́ние transformation // transformation
престо́л throne // trône
претендова́ть *imp* to claim // prétendre
прибо́й surf // ressac
прибо́р instrument, apparatus // appareil
при́быть *p, imp* **прибыва́ть** to arrive; to come // arriver

привлека́ть *imp*, *p* **привле́чь: привле́чь внима́ние** to attract attention // attirer l'attention

привы́кнуть *p*, *imp* **привыка́ть** to accustom // s'habituer

привяза́ть *p*, *imp* **привя́зывать** to tie // attacher

при́город suburb // banlieue

придава́ть *imp*: **придава́ть значе́ние** to attach importance // accorder (attacher) de l'importance

придво́рный court // de la cour

приду́мать *p*, *imp* **приду́мывать** to think up, to device // inventer; imaginer

прижа́ться *p*, *imp* **прижима́ться** to press oneself // se serrer

приземли́ться *p*, *imp* **приземля́ться** to land // atterrir

призна́ться *p*, *imp* **признава́ться** to tell the truth // avouer

при́зрак ghost // spectre, fantôme

прийти́ *p*: **прийти́ в себя́** to come round, to regain consciousness // revenir à soi

приключе́ние adventure // aventure

приме́та sign; mark // signe

принадлежа́ть *imp* to belong // appartenir

принадле́жность *f* membership // appartenance

принима́ть *imp*, *p* **приня́ть: принима́ть лека́рство** to take medicine // prendre le médicament

принципиа́льно in principle // principalement

приобрета́ть *imp*, *p* **приобрести́** to gain // acquérir

приро́да nature // nature

присни́ться *p*, *imp* **сни́ться** to dream // rêver

прису́тствие attendance // présence

притвори́ться *p*, *imp* **притворя́ться** to pretend to be // faire semblant (de)

приуча́ть *imp*, *p* **приучи́ть** to train // accoutumer (à)

приходи́ться *imp*, *p* **прийти́сь** to have to // falloir

проби́ть *p*, *imp* **пробива́ть** to bough; knot // percer

про́бка jam // embouteillage

прове́рка control // contrôle, verification

провини́ться *p* to do wrong // se rendre coupable

прови́нция province // province

продолжа́тель *m* continuer, successor // continuateur

про́за prose // prose

проигра́ть *p*, *imp* **проигрывать** to lose // perdre

произведе́ние work // œuvre

произвести́ *p*, *imp* **производи́ть** to make // produire, fabriquer

произойти́ *p*, *imp* **происходи́ть** to happen // se passer, avoir lieu

происходи́ть *imp* to originate // être d'origine

происхожде́ние origin // origine
проли́в strait // détroit
проложи́ть p, imp прокла́дывать to build // pratiquer, frayer
про́мысел business // métier
промы́шленность f industry // industrie
пропусти́ть p, imp пропуска́ть to miss // laisser passer
просвеще́ние enlightenment, education // instruction
прости́ться p, imp проща́ться to say good by // faire ses adieux; dire au revoir
просто́р space // étendue
просто́рный spacious // spacieux, vaste
простужа́ться imp, p простуди́ться to catch cold // prendre froid
про́сьба request // prière, demande
проти́вник opponent, adversary // adversaire; ennemi
противоречи́вый contradictory // contradictoire
противоре́чие contradiction // contradiction
протяну́ть p, imp протя́гивать to hold out // tendre
проща́льный farewell // d'adieu(x)
прояви́ться p, imp проявля́ться to show // se manifester
прыгу́н jumper // sauteur
прыжо́к jump // saut, bond
птене́ц nestling // oiselet, petit
пунктуа́льный punctual // ponctuel
пусто́й empty // vide
пусты́ня desert // désert
путеше́ственник traveler // voyageur
путь m way // chemin, voie
пыли́ть imp to raise a dust // soulever la poussière
пыль f dust // poussière
пыта́ться imp, p попыта́ться to try // tenter, essayer
пы́шный splendid // somptueux, luxieux

P
аб slave // esclave
работоспосо́бность f capacity to work, efficiency // capacité de travail
равноду́шный indifferent // indifférent
ра́вный equal // égal
разбира́ться imp, p разобра́ться to understand // comprendre qch; se débrouiller
разби́тый broken // brisé
разверну́ть p, imp развора́чивать to unroll // déplier, défaire

развести́сь *p, imp* разводи́ться to be divorced // divorcer
разви́тие development // développement
разга́дка solution // devinette
разга́дывать *imp, p* разгада́ть to puzzle out // deviner, résoudre une devinette
разделе́ние division // division
разжёчь *p, imp* разжига́ть to stir up; to kindle // allumer
разли́чный different; various // différent
размышля́ть *imp, p* поразмышля́ть to reflect, to ponder // réfléchir
разреши́ть *p, imp* разреша́ть to allow, to permit; to solve // permettre (de); autoriser
разруши́тельный destructive // destructeur
разъе́хаться *p, imp* разъезжа́ться to disperse // partir; se séparer
разыска́ть *p* to find, *imp* разы́скивать to look for // trouver
раке́та rocket // fusée
ра́мка frame // cadre
ра́неный wounded // blessé
раско́л split, dissidence // scission
раско́пки *pl* excavations // fouilles
распахну́ться *p, imp* распа́хиваться to swing open // s'ouvrir
распи́сывать *imp, p* расписа́ть to paint // peindre
располага́ться *imp, p* расположи́ться to be situated // s'installer
распространённый widespread // répandu
распространи́ться *p, imp* распространя́ться to spread // se répandre
рассве́т dawn, daybreak // aube
рассма́тривать *imp, p* рассмотре́ть to examine // examiner
расстава́ться *imp, p* расста́ться to separate, to leave // se séparer
расстоя́ние distance // distance
расте́ние plant // plante
расти́тельность *f* vegetation // végétation
расцве́тка colours // couleur
расчи́стить *p, imp* расчища́ть to clean // déblayer
расширя́ться *imp, p* расши́риться to extend // s'élargir
рва́ный torn // déchiré
рвать *imp* to pick, to pluck // cueillir
револю́ция revolution // révolution
ре́дкость *f* rarity // rareté
ре́зкий sharp // brusque
резона́нс resonance // résonance
религио́зный religious // religieux
реме́сленник drafts-man // artisan

154

ремесло́ handicraft // métier
ремо́нт repair(s) // réparation
реце́пт recipe; method // ordonnance
реши́ться *p, imp* реша́ться to resolve // se décider
ри́за cover // chasuble
рискова́ть *imp, p* рискну́ть to risk // risquer
Рождество́ Christmas // Noël
ро́за rose // rose
роль *f* role // rôle
рома́нс romance // romance
романти́ческий romantic // romantique
роса́ dew // rosée
ро́скошь *f* luxury // luxe
рост height // taille
рот mouth // bouche
роя́ль *m* (grand) piano // piano (à queue)
ртуть *f* mercury // mercure
рубе́ж line // limite; frontière
руби́ть *imp, p* сруби́ть to hew // abattre
руда́ ore // minérai
ружьё rifle // fusil
ру́копись *f* manuscript // manuscrit
румя́нец flush // fortes couleurs, teint coloré
румя́ный rosy // vermeil; rose
рыба́к fisherman // pêcheur
рыба́лка fishing // pêche
ры́жий red // roux
рюкза́к rucksack // sac à dos

Cава́нна savanna // savane
самопоже́ртвование self-sacrifice // abnégation
са́ни *pl* sledge // traîneaux
сапо́г boot // botte
сарафа́н sarafan; pinafore dress // sarafane (vêtement ancien de femmes russes)
сбыва́ться *imp, p* сбы́ться to come true // se réaliser, s'accomplir
сва́я pile // pilot
свёрток package, bundle // rouleau; paquet
свети́ть *imp, p* посвети́ть to shine // éclairer

свидетель *m* witness // témoin
свинина pork // de porc
свинья pig, swine // porc
свобода freedom // liberté
сводный: сводная сестра step-sister // demi-sœur
связка bunch // trousseau; liasse
связь *f* connection // lien
священный sacred // sacré
сгореть *p, imp* **сгорать** to burn // brûler
сдать *p*: **сдать экзамен** to pass examination // passer un examen
сдаться *p, imp* **сдаваться** to yield // se rendre; ne pas se tenir pour battu
седой gray // blanc; gris
секвойя sequoia // séquoia
секретарь *m* secretary // secrétaire
сельский: сельское хозяйство agriculture // agriculture
сено hay // foin
сера sulphur // soufre
серебристый silvery // argenté; argentin
сероводород sulphuretted hydrogen // hydrogène sulfuré
серьга air-ring // boucle d'oreille
сеть *f* net // filet
Сибирь *f* Siberia // Sibérie
сигнальщик signal man // signaleur
символ symbol // symbole
симпатизировать *imp* to sympathize with // sympathiser
симпатия symphasy // sympathie
симфония symphony // symphonie
синий blue // bleu
система system // système
сияние: северное сияние aurora borealis // aurore boréale
сказка tale // conte
скала rock // rocher
скамейка bench // banc
скандал scandal // scandale
скорость *f* speed // vitesse
скорпион scorpion // scorpion
скотоводство cattle-raising // élevage (du bétail)
скрывать *imp, p* **скрыть** to conceal // cacher
скучать *imp, p* **заскучать** to be bored // s'embêter

сла́бость *f* weakness // faiblesse
сла́ва glory // gloire
славя́не *pl* Slavic // Slaves
сла́дкий sweet // sucré
сла́дости *pl* sweets // douceurs, sucreries
след trail // trace
сли́шком too, too much // trop
слобода́ sloboda (suburban settlement) // faubourg, grand village
сложи́ть *p, imp* скла́дывать to put together // plier
сло́жный difficult // complexe
слой stratum // couche
сло́манный broken // cassé
слома́ть *p, imp* лома́ть to break // casser; démolir
слуга́ servant // domestique
слу́жащий employee // employé
служе́ние service // service
служи́ть *imp, p* послужи́ть to serve // servir, avoir un emploi, travailler
слух hearing // ouïe; oreille
слу́чай case // hasard
случа́йно by chance // par hasard
слы́шный audible // audible
смерте́льно mortally // mortellement
смета́на sour cream // crème fraîche
сму́глый dark-complexioned // basané
смысл sense // sens
смягчи́ть *imp, p* смягча́ть to soften // adoucir; atténuer
снести́ *p, imp* сноси́ть to pull down // démolir
снима́ть *imp*: снима́ть фильм to film // tourner un film
сни́ться *imp, p* присни́ться to dream // rêver
собира́ться *imp, p* собра́ться to get together // se réunir; avoir l'intention (de)
собо́р cathedral // cathédrale
совреме́нник contemporary // contemporain
согла́сие concern // accord, consentement
согла́сно according to // conformément à
содержа́ть *imp* to maintain // entretenir; renfermer
создава́ть *imp, p* созда́ть to create // créer
созда́ние creation // création; créature
сознава́ться *imp, p* созна́ться confess; plead guilty // avouer
созна́ние consciousness // conscience

солонова́тая saltish // salée
сомкну́ть *p, imp* смыка́ть to close // fermer
сомнева́ться *imp* to have doubts // douter
сомне́ние doubt // doute
сон dream // sommeil
сообще́ние connection // communication
соотве́тствовать *imp* to correspond // correspondre
сопротивле́ние resistance // résistance
сорва́ть *p, imp* срыва́ть to pick, to pluck // arracher; cueillir
сорт kind // sorte
сосла́ть *p, imp* ссыла́ть to exile // exiler, déporter
сосна́ pine(-tree) // pin
соста́вить *p, imp* составля́ть to make (up) // composer; faire
сочиня́ть *imp, p* сочини́ть to compose // composer
сою́з union // union
спаса́ться *imp, p* спасти́сь to save oneself; to be saved // se sauver
спасе́ние life-saving // sauvetage
специали́ст specialist // spécialiste
специа́льный special // spécial
спи́сок list // liste
спи́чка match // allumette
спле́тня gossip // commérage, potin(s)
спор argument // discussion
спо́рить *imp, p* поспо́рить to argue // discuter
спосо́бность *f* ability // capacité
справедли́вый just // juste
спря́тать *p, imp* пря́тать to hide // cacher
спуска́ться *imp, p* спусти́ться to go down // descendre
спустя́ after; later // après; plus tard
спу́тник satellite, sputnik // satellite
сравни́ть *p, imp* сра́внивать to compare // comparer
сраже́ние battle // bataille
сре́дний average // moyen
сре́дство measure // moyen
среза́ть *imp, p* сре́зать to cut off // couper
ссы́лка exile // exil, déportation
ста́ница stanitsa (Cossack settlement) // staniza (village de Cosaques)
стара́ться *imp, p* постара́ться to try // s'efforcer (de); tâcher (de)
ста́рость *f* old age // vieillesse

стать *p, imp* **станови́ться** to become // devenir
статья́ article // article
ста́я flight // volée
ствол trunk // tronc
стесня́ться *imp, p* **застесня́ться** to feel shy // se gêner
стихи́йный uncontrolled, elemental // spontané
стихотворе́ние poem // poésie
столе́тие century // siècle
сто́рож guard // gardien
страда́ние suffering // souffrance
страда́ть *imp* to suffer // souffrir
стра́нный strange // étrange; bizarre
стра́нствие wandering // voyage, pérégrinations
стра́стный passionate // passionné
страсть *f* passion // passion
страх fear // peur
стреми́тельный swift // impétueux, à coup de vent
стро́гий strict // sévère
строка́ line // ligne
ступе́нька step // marche
ступня́ foot // pied
сты́дно: мне сты́дно I am ashamed // j'ai honte
стюарде́сса air hostess // hôtesse (de l'air)
суета́ bustle, fuss // agitation, remue-ménage
суетли́вый fussy // affairé
сумасше́дший crazy // fou
су́тки *pl* a day and a night // vingt-quatre heures
су́ша land // terre ferme
суши́ть *imp, p* **вы́сушить** to dry // faire sécher
схвати́ть *p, imp* **хвата́ть** to catch, seize // saisir
схо́дство likeness // ressemblance
существо́ creature // être
счита́ть *imp, p* **посчита́ть** to count; to consider, to think // compter; croire
счита́ться consider to be // tenir compte
съесть *p, imp* to eat // manger
сыпу́чий free-flowing // mouvant
сы́тый satisfying // rassasié
сюрпри́з surprise // surprise

Таблѝчка table // table, tableau

та́йно secretly // en secret

тайфу́н typhoon // typhon

тала́нтливый talented // de talent

твёрдый firm, hard // dur; ferme

творе́ние work; creation // création, œuvre

тво́рчество creation // œuvre

телеви́дение television // télévision

те́ло body // corps

те́ма subject // sujet

темнота́ darkness // obscurité; ténèbres

темпера́мент temperament // tempérament

тере́ться *imp, p* потере́ться to rub against // se frotter

террито́рия territory // territoire

теря́ть *imp, p* **потеря́ть** to to lose: **теря́ть созна́ние** to lose consciousness // perdre
   conscience

теря́ться *imp, p* потеря́ться to get lost; to disappear // se perdre

те́хникум technical school // école technique

техни́ческий technical // technique

тече́ние course // courant

тигр tiger // tigre

типи́чный typical // typique

тишина́ quiet, silence // silence

ткань *f* cloth // tissu, étoffe

това́р goods; wares // marchandise; article

тону́ть *imp, p* потону́ть to sink // couler; se noyer

торгова́ть *imp* to trade // faire le commerce, trafiquer

торго́вец merchant; trader // marchand

торго́вый trade // de commerce

тоскова́ть *imp, p* затоскова́ть to yearn, to pine // s'ennuyer

то́щий scraggy // maigre

трава́ grass // herbe

траги́ческий tragedy // tragique

тре́бовать *imp, p* **потре́бовать** to demand // demander; exiger

трево́га anxiety // anxiété; inquiétude

Тро́я Troy // Troie

труба́ chimney // cheminée

тру́бка pipe // pipe

трудолю́бие diligence // application
тру́женик toiler // travailleur
трусли́вый cowardly // lâche
тума́н fog // brouillard; brume
тьма darkness // ténèbres
тюрьма́ prison // prison
тяжело́ painful; heavily // lourdement; avec peine

Убеди́ть *p, imp* **убежда́ть** to convince // convaincre
убра́ть *p, imp* **убира́ть** to clean // enlever; ranger
уваже́ние respect // respect
увели́чивать *imp, p* **увели́чить** to increase // augmenter
увлека́ться *imp, p* **увле́чься** to be carried away; to become keen // se passionner; s'éprendre
увлече́ние passion // passion
уда́р blow; stroke // coup
удиви́тельный wonderful // étonnant
удивле́ние surprise // étonnement; surprise
удивля́ть *imp, p* **удиви́ть** to surprise // étonner
удовлетворе́ние satisfaction // satisfaction
у́дочка (fishing) rod // ligne
у́жас horror // horreur
уже́ already // déjà
у́зкий narrow // étroit
укла́д style of life // genre de vie
укра́сть *p, imp* **красть** to steal // voler
украша́ть *imp, p* **укра́сить** to decorate // décorer
украше́ние decoration // décoration
укрепле́ние fortification // consolidation
укры́ть *p, imp* **укрыва́ть** to cover // couvrir
улу́чшить *p, imp* **улучша́ть** to improve // améliorer
уме́ние skill; know-how // habileté
уме́ньшить *p, imp* **уменьша́ть** то reduce // diminuer
универса́льный universal // universel
уника́льный unique // unique
упакова́ть *p, imp* **упако́вывать** to pack // emballer, empaqueter
упа́сть *p, imp* **па́дать** to fell down // tomber
уплы́ть *p, imp* **уплыва́ть** to swim away // s'éloigner (en nageant)

упо́рство persistence; stubbornness // obstination, opiniâtreté

управля́ть *imp* to drive; to rule // conduire

упря́мство obstinacy // entêtement

урага́н hurricane // ouragan

у́ровень *m* level // niveau

уса́дьба county estate, country seat; farmstead // maison et dépendances; propriété

усво́ить *p, imp* **усва́ивать** to master // assimiler

усло́вный conditional, conventional // conventionnel

усну́ть *p* to fall asleep // s'endormir

успе́ть *p, imp* **успева́ть** 1. to have time; 2. to manage, to be in time // avoir le temps

успе́х success // succès, progrès

успоко́ить *p, imp* **успока́ивать** to calm // calmer; rassurer

уста́лость *f* tiredness // fatigue

устана́вливать *imp, p* **установи́ть** to establish // établir; constater

усы́ *pl* moustache // moustaches

утвержда́ть *imp* to confirm // adopter, accepter

утёс cliff, crag // rocher, roc

уха́живать *imp* to pay court to // soigner; s'occuper (de)

ухо́д leaving // départ

уча́стник participant // participant

учрежде́ние institution // établissement

ую́тный comfortable, cozy // accueillant, confortable

Фaкт fact // fait

фанта́ст fantast // fantaste, rêveur

фантасти́ческий fantastic // fantastique

фигу́ра figure // figure, ligne

фикси́ровать *imp, p* **зафикси́ровать** to fix // fixer

филоло́гия philology // philologie

филосо́фия philosophy // philosophie

флаг flag // drapeau

флот fleet // flotte

формирова́ться *imp, p* **сформирова́ться** to form // se former

фортепья́но fortepiano // piano

фото́граф photographer // photographe

фре́ска fresco // fresque

фронт front // front

Халва́ halva (nut sweets) // khalwa (friandise orientale aux noisettes, au sucre et à l'huile)

хва́статься *imp, p* похва́статься to boast // se vanter

хвата́ть *imp, p* хвати́ть to be sufficient // suffire; avoir assez

хвост tail // queue

хи́трый cunning // rusé

хи́щник predator // fauve

ходьба́ walking // marche

холм hill // colline

хор choir // chœur

хохота́ть *imp, p* захохота́ть to laugh loudly // rire aux éclats

хра́брость *f* bravery // courage

храни́тель *m* keeper // gardien, conservateur

храни́ться *imp, p* сохрани́ться to be kept // se trouver, garder

христиа́нин Christian // chrétien

худо́й thin // maigre

Царе́вич prince // tsarévitch (*fils du tsar*)

ца́рствование reign // règne

целеустремлённый purposeful // constamment orienté vers le but

цель *f* object, purpose // but; objectif

це́нзор censor // censeur

цени́ться *imp* to be value // être apprécié

це́нность *f* value // valeur

централизо́ванный centralized // centralisé

церемо́ния ceremony // cérémonie

це́рковь *f* church // église

Ча́йка seagull // mouette

ча́йник teapot // théière

ча́ша bowl // coupe, calice

чек cheque // chèque

челове́чество mankind // humanité

черепа́ха turtle // tortue

черта́ feature // trait

чертёж drawing // dessin

черти́ть *imp, p* **начерти́ть** to draw // tracer; dessiner
честь *f* honor // honneur
член member // membre
что попа́ло the first thing to hand // ce qui est tombé sous la main
чуде́сный marvelous, wonderful // merveilleux
чудо́вище monster // monstre
чутьё scent // flair
чу́чело stuffed animal/bird // animal empaillé

Шаг step // pas

шага́ть *imp, p* **шагну́ть** to step; to walk // marcher
шампа́нское champagne // champagne
шар ball // boule; ballon
ше́лест rustle // bruissement
шёлк silk // soie
шёлковый silk // de soie
шёпот whisper // chuchotement
шеф chief // chef
ше́я neck // cou
ширина́ wideness // largeur
широта́ width; breadth // largeur; latitude
шить *imp, p* **сшить** to sew // coudre
шифр cipher, code // chiffre
шкала́ scale // échelle
шкату́лка box, casket, case // coffret, cassette
шку́рка skin // peau
шокола́д chocolate // chocolat
штиль *m* calm // calme
штурм assault // assaut
шу́ба fur coat // manteau de fourrure
шум noise // bruit
шу́тка joke // plaisanterie, blague
шутли́вый humorous // badin
шушу́каться *imp* to whisper together // chuchoter

Щека́ cheek // joue

щит shield // bouclier; tableau de commande

Эколог ecologist // écologiste
эконо́мно economically // avec économie
экспеди́ция expedition // expédition
экспериме́нт experiment // expérience
электри́чество electricity // électricité
эмигра́ция emigration // émigration
энциклопе́дия encyclopedia // encyclopédie
эпо́ха epoch // époque

Юбка skirt // jupe
юмористи́ческий humorous // humoristique
юриди́ческий law // de droit; juridique

Явле́ние phenomenon // phénomène
яд poison // poison
язы́чество heathendom // paganisme
язы́чник heathen, pagan // païen
яйцо́ egg // œuf
япо́нский Japanese // japonais
я́рко brightly // vif, éclatant

СОДЕРЖАНИЕ

ПРЕДИСЛОВИЕ 3

1. Она будет учительницей 6

2. Солнце и луна 7

3. Детский врач 8

4. На льдине 10

5. Три розы 12

6. Шутки 14

7. Как Виктор выбрал профессию 16

8. Абу-Нувас 18

9. Друзья 20

10. Источник молодости 21

11. Камень 23

12. Золотая рыбка 25

13. Воробей 27

14. Царь и рубашка 29

15. Похищение Джоконды 30

16. Четыре желания 33

17. Хлеб и золото 34

18. Маленькая Венеция 36

19. Забавная история 37

20. Человек, который выполнял правила 39

21. Леонард Эйлер 42

22. Новый Робинзон 44

23. Таинственное озеро 47

24. Знаете ли вы? 49

25. О чём думает марабу? 52

26. Это интересно 55

27. Ураганы 58

28. Софья Ковалевская 59

29. Отец и сын 61

30. Сергей Рахманинов 64

31. Иван Тургенев 66

32. Михаил Ломоносов 68

33. Ярослав Мудрый 72

34. Николай Вавилов 74

35. Афанасий Никитин 76

36. Александр Пушкин 78

37. Михаил Лермонтов 83

38. Александр Грибоедов 85

39. Михаил Шолохов 88

40. Немного об истории России 91

41. Пётр Первый 93

42. Метель 97

43. Открытие Трои 100

44. Злой мальчик 103

45. Борода и усы 106

46. Москва 109

47. Новый год 112

48. Арбат 115

49. Петербург 118

50. Русские сувениры 123

РУССКО-АНГЛО-ФРАНЦУЗСКИЙ СЛОВАРЬ 126

СОДЕРЖАНИЕ 166

Учебное издание

ГУБИЕВА Изабелла Губаевна
ЯЦЕЛЕНКО Владимир Александрович

50 РУССКИХ ТЕКСТОВ

КНИГА ДЛЯ ЧТЕНИЯ НА РУССКОМ ЯЗЫКЕ
ДЛЯ ИНОСТРАНЦЕВ

Редактор *М.А. Кастрикина*
Корректор *В.К. Ячковская*
Компьютерная вёрстка и оригинал-макет *Е.П. Бреславской*

Гигиенический сертификат № 77.99.02.953.Д.000603.02.04 от 03.02.2004 г.
Подписано в печать 21.01.2008 г. Формат 70×90/16
Объем 10.5 п.л. Тираж 2000 экз. Зак. 139

Издательство ЗАО «Русский язык». Курсы
125047, Москва, 1-я Тверская-Ямская ул., д. 18
Тел./факс: (495) 251-08-45, тел. (495) 250-48-68
e-mail: kursy@online.ru
www.rus-lang.ru

Отпечатано в ОАО «Щербинская типография»
117623, Москва, ул. Типографская, д. 10
Тел. 659-23-27